Roland Greger

Ich hab Jesus, du nicht?

Mach dein Leben doch leichter

AF220942

Roland Greger

Ich hab Jesus, du nicht?

Mach dein Leben doch leichter

Die Bibelstellen wurden in der Regel
der Schlachter 2000 Übersetzung
entnommen und in *kursiv* gedruckt.
Stellen mit abweichender Übersetzung
sind entsprechend gekennzeichnet.

© 2020 Roland Greger
1. Auflage
E-Mail: mail@roland-greger.de

Herstellung und Verlag:
BoD – Books On Demand, Norderstedt
Printed in Germany

ISBN 978-3-7519-7926-9

Umschlaggestaltung: Roland Greger
Umschlagfoto: Pixabay

Die Deutsche Nationalbibliothek verzeichnet diese
Publikation in der Deutschen Nationalbibliografie;
Detaillierte bibliografische Daten sind im Internet
Über http://dnb.d-nb.de abrufbar.

Inhaltsverzeichnis

Einleitung

Irgendwie scheinen Christen gerne die U-Bahn zu benutzen. Sie tauchen ab in den Untergrund!

Wann immer ich mich in der Welt in mir neuen Gruppen von Menschen bewege, fühle ich mich zunächst als einziger Christ. Da scheint nirgends Gott dabei zu sein. Rede ich schließlich wie selbstverständlich von Gott und Jesus, dann plopp, taucht der erste auf und outet sich als Christ, blubb, der zweite, und im Laufe recht kurzer Zeit sind wir mehrere, meist unter einer Menge Atheisten und Muslimen.

Viele Atheisten wollen nichts vom Glauben an Jesus hören, akzeptieren aber meine Worte, solange ich sie niemandem überstülpe und Antworten und Nicht-Reaktionen stehenlassen kann. Jemanden zutexten ist sowieso nicht meine Art und so kann ich kontinuierlich christlichen Samen fallen lassen, ohne dass sich jemand auf den Schlips getreten fühlt.

Viele Menschen sind auf der Suche nach Gott oder zumindest nach dem Sinn des Lebens und bewegen sich dabei aus meiner Sicht oft auf sehr abstrusen Pfaden. Ich interessiere mich dafür, ohne gleich ihren Weg zu kritisieren. Auf diese Weise lerne ich immer wieder neue Ansichten kennen. Menschen erzählen bereitwillig darüber, wohl wissend, dass ich Christ bin. Ich diskutiere nicht ihnen über richtig oder falsch, ich interessiere mich nur aufrichtig für sie.

Dabei öffnet sich immer wieder jemand auch für das Evangelium und fragt mich schließlich über das Christsein und Gott, sei es, dass er sowieso schon immer mehr wissen wollte, sei es, dass er mich beobachtet hat und ich überhaupt nicht seiner Vorstellung "dieses steifen" Christen entspreche.

Auch Christen sind oftmals eigenartige Gesellen. Manchmal drängt sich mir der Eindruck auf, dass zehn Christen mindestens zwölf unterschiedliche Ansichten mitbringen, häufig schwer gebeugt von dem, was Christen "dürfen" oder unterlassen "sollen".

Ich höre ihren Worten zu und frage mich oft erstaunt, wo denn in ihrem Leben die Freiheit in Christus ist, die ich der Bibel aus meiner Sicht unmissverständlich entnehmen kann.

In meinem ersten Buch *Weiß wie Blut* bin ich durch die Bibel spaziert, vorne im Alten Testament beginnend, und habe Fakten zusammengetragen, die sich zusehends auf Jesus hin fokussieren und letztendlich in die Erlösung durch sein Blut am Kreuz münden. Klar zu verstehen und leicht nachvollziehbar, auch für Zweifler und Skeptiker.

In diesem Buch *Ich hab Jesus, du nicht?* findest du einzelne Themen biblisch beleuchtet, die alle eine Gemeinsamkeit mitbringen: Sie entlarven weit verbreitete Missverständnisse des Christseins, motivieren zu einem engen Leben mit Christus und zeigen die Möglichkeit zu einem wesentlich leichteren Leben, trotz der widrigen Umstände, denen wir oft ausgeliefert sind.

Gott hat uns Kraft, Vollmacht und eine Aufgabe zugewiesen. Es ist jedem von uns möglich, sie zu finden und vor allem, ohne Wenn und Aber zu erfüllen, denn *er* handelt für und durch uns. Also wollen wir uns entspannen und Gott in unserem Leben wirken lassen! Wie das geht finden wir hier in diesem Buch.

Du bist gesandt ... bleib locker

In einer Predigt meinte der Pastor, wir sollten Jesus nachfolgen. Nun, das ist nicht gerade neu, das ist allgemein bekannt unter Christen. Für diese Erkenntnis brauche ich nicht einmal die Schrift zu studieren.

Er sprach weiter: *Wie* können wir Jesus nachfolgen? - Indem wir das tun, was *er* getan hat! Bei diesem Punkt gehen bereits die ersten Meinungen auseinander. Inwieweit können wir das tun, was *er* getan hat, inwieweit dürfen wir das überhaupt? Hier liegt bereits Zündstoff im Thema!

Jesus hat selbst gesagt: „Ihr werdet die Dinge tun, die ich tue und noch größere". Bis hierher war für mich alles noch klar! Doch dann stellte der Prediger die Frage: „*Was* hat Jesus denn getan?"

So eine Frage regt zum Denken an. Schnell beantwortete er sie selbst. Kurz und bündig, ein Wort, drei Buchstaben! Was hat Jesus getan? – Nix! N – i – x. Jesus hat nichts getan!

„Wie bitte?", staunende Augen. Der Prediger redet unbeirrt weiter und zieht eine Schlussfolgerung: Wenn Jesus nichts getan hat, dann sollten auch wir nichts tun! - Das ist zwar in sich logisch, aber die Sache mit dem „Nichts" befremdet dabei enorm.

Wenn wir das so stehen ließen, dann könnten wir das Buch jetzt zuschlagen, ins Regal stellen, nichts tun und abwarten bis wir sterben. Anschließend könnten wir Gott fragen: „War das so richtig?" – Nein, natürlich nicht!

Die Auflösung ist, dass Jesus nichts *aus sich selbst* heraus tat. Wir kennen das: Wir haben unsere Vorstellung vom Leben, gewisse Vorlieben und gemäß ihnen handeln wir. Sie sind letztendlich der Motor, der uns antreibt.

Bei Jesus war das anders. Wir können in der Schrift nirgends finden, dass Jesus jemals einen Schlachtplan entworfen hätte:

„Kommt, liebe Jünger, setzt euch mal her, wir machen jetzt Brainstorming. Zuerst definieren wir ein Ziel, dann wird der Weg dorthin festgelegt, in kleine Teilschritte zerlegt und das Ganze ist dann messbar und wir können regelmäßig Erfolgskontrollen durchführen.“

Nein! Jesus kam in diese Welt, er hatte einen Auftrag vom Vater und den erfüllte er, ohne Planung und Erfolgskontrolle. Was tat er, um diesen Auftrag zu erfüllen? – Nichts, tatsächlich nichts, außer: Er tat nur das und genau das, was Gott ihm sagte, sonst nichts! Schauen wir in die Schrift.

Johannes 4, 34

Meine Speise ist die, dass ich den Willen dessen tue, der mich gesandt hat, und sein Werk vollbringe.

Johannes 5, 19

Der Sohn kann nichts von sich selbst aus tun, sondern nur, was er den Vater tun sieht; denn was dieser tut, das tut gleicherweise auch der Sohn.

Johannes 5, 30

Ich kann nichts von mir selbst aus tun; wie ich höre, so richte ich; und mein Gericht ist gerecht, denn ich suche nicht meinen Willen, sondern den Willen des Vaters, der mich gesandt hat.

Johannes 6, 38

Denn ich bin aus dem Himmel herabgekommen, nicht damit ich meinen Willen tue, sondern den Willen dessen, der mich gesandt hat.

Johannes 7, 16

Meine Lehre ist nicht von mir, sondern von dem, der mich gesandt hat.

Du kannst in der Bibel noch viele weitere Stellen finden, die genau dasselbe aussagen: Jesus tat nur das, ausschließlich das, was der Vater, Gott, ihm auftrug.

Wir finden immer wieder Stellen, in denen wir nachlesen können, dass Jesus sich alleine zum Beten zurückzog. Abends, nachts, morgens, wann immer er Zeit dazu fand, sich zurückzuziehen. Er betete zum Teil ganze Nächte durch.

Eines bin ich mir sicher, Jesus betete nicht auf eine Weise, wie wir es häufig tun: „Vater, mir geht es gerade so schlecht. Ich habe drei Tage hintereinander gepredigt, 5.000 Mann gespeist und jetzt hab' ich Kopfweh! Bitte nimm sie mir weg."

So eine Art Gebet kennen wir alle, auf sich selbst und die eigene Situation bezogen. Jesus betete komplett anders.

Er ließ den Vater reden, empfing Weisung von ihm und plapperte nicht einfach selbst drauflos.

Im Johannesevangelium finden wir mehrere Gebete von ihm. Er hat darin immer nur den Vater verherrlicht, für andere gebetet und sie gesegnet. Ich fand in der Bibel *ein* einziges überliefertes Gebet, in dem er auf sich selbst und seine eigene Situation eingeht.

Das war im Garten Gethsemane, kurz vor seiner Verhaftung. Jesus wusste, was auf ihn zukommen würde, dass jetzt seine Zeit gekommen sei und er gekreuzigt werden würde. Er hatte riesige Angst davor. Am liebsten hätte er alles abgebogen.

„Vater", betete er, „wenn es möglich ist, dass dieser Kelch an mir vorübergeht ...". Bei Lukas steht statt einer Bitte sogar eine klare Aufforderung: „Nimm diesen Kelch von mir weg!"

Der Angstschweiß lief nur so aus seinem Gesicht. Das war echte Todesangst! Und doch sagt er: „Nicht, was *ich* will, sondern was *du* willst geschehe."

Jesus tat immer nur das, was ihm der Vater aufgetragen hat! Er blieb konsequent bis in den Tod! Nur deshalb sind wir, bist du, bin ich gerettet. Wir haben das ewige Leben nur deshalb, weil Jesus so handelte. Wir sollten wirklich auf die Knie gehen und ihm danken. Wir wären hoffnungslos verloren, hätte Jesus nur nach eigener Lust und Laune gelebt. Aber er fordert uns auf, es ihm gleich zu tun. Das heißt ganz klar, wir sollen das tun, was wir von ihm hören und nur und genau das!

Viele Christen rennen durch ihr Leben, sind überall dabei und verpassen keinen namhaften Prediger. Sie laufen von einer christlichen Konferenz zur nächsten, tun mehrere Dienste in ihrer Gemeinde, aber nicht, weil sie Gottes Auftrag dazu haben, sondern weil gerade personeller Notstand herrscht. Einer muss es schließlich machen! Bei einigen steckt sicherlich auch die oft unbewusste Motivation dahinter, in der Gemeinde wichtig sein zu wollen.

Eine Folge davon ist, dass sie ausbrennen. Sie tun ja „so viel" für den Herrn. Aber der hat nie gesagt, dass sie das tun sollen! Auf dieses Phänomen gehen wir zum Schluss dieses Kapitels noch kurz ein.

Welchen Auftrag hat Jesus uns gegeben?

Matthäus 28, 18 - 20

Mir ist gegeben alle Macht im Himmel und auf Erden. So geht nun hin und macht zu Jüngern alle Völker, und tauft sie auf dem Namen des Vaters und des Sohnes und des Heiligen Geistes und lehrt sie alles halten, was ich euch befohlen habe.

Jesus beginnt mit den Worten: „Mir ist gegeben alle Macht im Himmel und auf Erden". *Alle* Macht ist bei Jesus. Alle! Nicht ein bisschen oder ein bestimmter Bereich. Nein, alle Macht!

Woher hat er die? „Mir ist gegeben ...", sagt er. Sie wurde ihm also übertragen. Er hat sie nicht schon immer gehabt. Gott der Vater hat seine Macht komplett auf Jesus übertragen. Jesus ist ausgestattet mit der Vollmacht des Vaters!

„Ich bin der Weg und die Wahrheit und das Leben", sagt Jesus in Johannes 14, 6, „niemand kommt zum Vater als nur durch mich."

Er hat die Macht, *er* ist der Weg – der einzige Weg!

Aber Jesus, der vom Vater gesandt war, sendet jetzt seine Jünger: *„So geht nun hin und macht zu Jüngern alle Völker"*. Die Jünger haben jetzt von Jesus den Auftrag und damit die Vollmacht, weitere Jünger für die frohe Botschaft zu gewinnen.

Jesus hat nun wiederum seine Macht auf die Jünger übertragen. Sie ziehen los im Namen dessen, der sie gesandt hat. Das ist genau dieselbe Situation, die vorher zwischen dem Vater und Jesus war. Sie sollten nicht tun, was *sie* wollten oder meinten, tun zu müssen, sondern nur und ausschließlich das, was ihr Auftraggeber – Jesus – ihnen sagt.

Markus 8, 34

Wer mir nachfolgen will, der verleugne sich selbst und nehme sein Kreuz auf sich und folge mir nach.

Das bedeutet nicht, dass du plötzlich nicht mehr anerkennen sollst, dass du du bist, sondern, dass du dein Leben voll und ganz in die Hände Jesu legst und das tust, was *er* für dich vorbereitet hat. „Das Kreuz aufnehmen" bedeutet hier nichts anderes, als dass du die Berufung, den Auftrag tragen sollst, den Gott für dich hat.

Jeder Mensch hat eine Berufung von Gott erhalten und die sollte er tun, nicht mehr und nicht weniger. Wie können wir sie tun? Indem wir auf Gott hören! Das ist genau das, was wir eingangs über Jesus gelesen haben:

Johannes 6, 38
Denn ich bin aus dem Himmel herabgekommen, nicht damit ich meinen Willen tue, sondern den Willen dessen, der mich gesandt hat.

Jesus wurde vom Vater gesandt, wir wiederum von ihm. Wir können diesen Vers eins zu eins für uns übernehmen, wobei Jesus derjenige ist, der uns gesandt hat. In diesem Fall würde sich der formulierte Auftrag an uns folgendermaßen anhören:

„Wir sind auf diese Welt gekommen, nicht dass wir unseren Willen tun, sondern den Willen dessen, der uns gesandt hat", und das ist eindeutig Jesus.

Jetzt sind wir wieder am Anfang des Kapitels, nur eine Hierarchieebene tiefer. Wir brauchen nichts zu tun, nur das, was wir von Jesus hören, nicht mehr und nicht weniger!

Du musst weder ausgeklügelte Schlachtpläne entwickeln noch auf allen christlichen Hochzeiten mittanzen.

Keinen Stress! Lehne dich zurück und entspanne. Gehe ins Gebet, bete für andere und frage Gott, was er von dir möchte. Plappere dabei nicht unentwegt, sondern halte auch mal inne und schweige. Gib Gott die Chance, zu dir zu sprechen.

Wir erleben ihn meist als kleine, sanfte Stimme, die in unserem Inneren zu uns spricht. Wenn er gesprochen hat, dann lasse das Ganze nicht wieder von deinem Verstand plattwalzen, indem du abwägende Überlegungen hin und her bewegst, sondern tue es einfach!

Woher weißt du, ob es Gott war, der zu dir gesprochen hat? Dazu ein paar einfache Tipps:

Erstens. Gott spricht immer nur gemäß seinem Wort. Wenn das, was du glaubst gehört zu haben, nicht mit der Schrift übereinstimmt, dann verwirf es. Auf nimmer wiedersehen!

Zweitens. Behalte das Gehörte zunächst für dich, aber fahre deine Antennen aus. Wenn es von Gott ist, dann wirst du in irgendeiner Form, zu irgendeiner Zeit Bestätigung bekommen, ohne dass du auch nur ein einziges Wort darüber verloren hast. Vielleicht von einer Seite, von der du es am wenigsten vermutet hättest. Es gibt Umstände, da stehst du nur noch staunend da, auf welche Weise Gott manchmal sein Wort bestätigt.

Und drittens. Gott wird dir Türen öffnen. Du brauchst es nicht aus eigener Kraft zu tun. Du *kannst* es gar nicht aus eigener Kraft tun! Bete und handle nach dem, was du gehört hast. Vielleicht sieht es anfänglich aus menschlicher Sicht völlig wirr aus. Dann öffnet sich eine vage Tür, dann eine zweite, die scheinbar nichts mit Tür eins zu tun hat. Vielleicht eine dritte. Wenn du nach einiger Zeit zurückschaust, erkennst du, dass alle diese scheinbar separaten Wege dich in dieselbe Richtung ziehen, ja, sich vielleicht sogar gegenseitig bedingen. Allmählich erfasst dich ein Sog, der dich immer weiter Richtung Berufung spült.

Natürlich werden auch Sackgassen dich umschlingen, aber Gott weiß genau, wie er dich da wieder herausholt. Vertraue ihm!

War es *nicht* Gottes Ruf, dann kannst du ackern wie ein Pferd, doch die Türen werden verschlossen bleiben. Dann kannst du dich noch so sehr an den Türknauf hängen, rütteln und schreien, es wird dir nichts nützen. Entweder Gott macht dir die Türen auf oder keiner!

Nur scheinbar geöffnete Türen werden ganz schnell im Nichts enden. Sie könnten zum Beispiel aus deinem Wunschdenken heraus entstanden sein. Je früher du so eine Fata Morgana entlarvst, desto eher kann Gott dich wieder auf die richtige Spur setzen. Auch hier gilt: Bleib dran im Gebet!

Du hast einen Auftrag von Gott! Den hat jeder, ob du dir dessen bewusst bist oder nicht. Trotzdem brauchst du dir damit keinen Stress zu machen, denn aus dir heraus kannst du ihn sowieso nicht bewältigen. Also lehne dich zurück und lass Gott machen. Du brauchst nichts zu tun, außer das, was Gott dir sagt und nur das! Füge nichts hinzu, aber nimm auch nichts weg. Gehe jeden Tag ins Gebet und höre auf Gott! *Er* hat alle Zeit der Welt. Du auch!

Es gibt ein Lied der amerikanischen christlichen Rockband Petra mit dem Titel: *I Am Available*, auf Deutsch: *Ich stehe zur Verfügung*. Im Refrain heißt es übersetzt: „Ich stehe zur Verfügung. Ich gehe, wenn du sagst ‚geh!' und halte ein, wenn du sagst ‚nee!'".

Genau das ist es, was Gott von uns will: gehen, wenn er uns losschickt, anhalten, wenn er uns dazu auffordert. Mehr brauchen wir nicht zu tun. Wenn du das tust, dann wird Gott dereinst zu dir sagen: „Recht so, du guter und treuer Knecht. Über Weniges warst du treu, über Vieles werde ich dich setzen; geh hinein in die Freude deines Herrn". Das sind doch prima Aussichten, oder?

Kommen wir nochmals zu den Christen zurück, die ständig für den Herrn aktiv sind, aber im Grunde nicht *seinen* Willen tun, sondern ihren eigenen.

Was ist der allgemeine Auftrag, den Jesus uns gegeben hat?

„So geht nun hin und macht zu Jüngern alle Völker, und tauft sie ... und lehrt sie alles halten, was ich euch befohlen habe."

Was also sollen wir machen? Wir sollen Jünger gewinnen und sie lehren. Was sollen wir sie lehren? Alles zu halten, was Jesus seinen Jüngern befohlen hat. Das heißt, wir sollen sein Wort lehren. Dieses Wort finden wir in der Bibel. Du kannst es auch simpler und in heutigem Deutsch ausdrücken: Wir sollen Menschen zu Jesus führen und im Wort ausbilden. Punkt! Mehr ist es nicht.

Dazu gibt es allerdings eine Voraussetzung: Wir müssen selbst Gottes Wort kennen! Wir können nicht weitergeben, was wir nicht oder nur unzureichend kennen. Also fordert uns Jesus damit auch indirekt auf, selbst regelmäßig in der Bibel zu lesen und darin zu studieren. Weiterhin sollen wir von ihm Zeugnis geben.

„Geht zu allen Völkern ..." heißt nicht, dass wir in die hinterste Mongolei oder an die Elfenbeinküste marschieren müssen. Dort gibt es andere, die das tun. Es bedeutet ganz einfach, dass du da, wo du gerade bist, dein Licht leuchten lassen und von ihm Zeugnis geben sollst.

„Der eine sät, der andere erntet.", finden wir in Johannes 4, 37. Gib einfach Zeugnis von deinem Leben mit Gott und

von seinem Wort. Triffst du auf einen, der es das erste Mal bewusst hört, dann bist du der, der sät. Triffst du auf jemanden, der schon mehrmals gehört, aber noch nicht darauf reagiert hat, dann bist du derjenige, der begießt. Triffst du auf jemanden, der sich aufgrund deines Wortes zu Jesus bekehrt, dann bist du der, der erntet. Tu es einfach!

Was du säst wird ein anderer ernten und was du erntest, das hat ein anderer bereits gesät. Es ist nicht deine Aufgabe, Menschen auf Biegen und Brechen zu überreden. Diesen Job hat der Heilige Geist, nicht du. Wirf einfach den Samen und warte ab!

Es läuft immer wieder auf dasselbe hinaus: Stelle dich Gott zur Verfügung und tue, was er dir sagt, nichts weiter. *Er* wird handeln! Er wird das, was er in dir begonnen hat, zur Frucht führen.

Wir sollen Zeugen für Gott sein und Jesus vor der Welt bekennen, mehr nicht! Alles andere ist Nebensache, alles andere sind Begleiterscheinungen. Die finden wir am Ende des Markusevangeliums.

Markus 16, 17-18
Diese Zeichen aber werden die begleiten, die gläubig geworden sind: In meinem Namen werden sie Dämonen austreiben, sie werden in neuen Sprachen reden, Schlangen werden sie aufheben, und wenn sie etwas Tödliches trinken, wird es ihnen nicht schaden; Kranken werden sie die Hände auflegen, und sie werden sich wohl befinden.

Auf Einzelheiten wollen wir hier nicht näher eingehen. Tatsache ist, dass Jesus uns sagt, diese Dinge werden die Gläubigen begleiten. Darüber brauchen wir nicht weiter zu diskutieren, so steht es im Wort. Sie sind im Grunde christlicher Alltag, aber sie sind lediglich Beigaben, mehr nicht!

Wenn ich ins Wasser springe, dann werde ich nass. Das lässt sich nicht vermeiden, das ist die Eigenschaft von Wasser. Ich werde nass, wenn ich da reinhüpfe, da gibt keine Chance, das zu umgehen!

Wenn du deinen Auftrag von Gott erfüllst, dann werden ein oder andere Zeichen und Wunder geschehen. Das lässt sich ebenfalls nicht vermeiden. Das ist die Eigenschaft des Evangeliums, so steht es in Gottes Wort. Jesus tut uns das deshalb kund, weil es einfach geschehen wird, *wenn* wir seinen Auftrag erfüllen.

Aber – ich wiederhole mich nochmals – das sind nur Begleiterscheinungen. Springe ins Wasser und du wirst nass, tue Gottes Auftrag und irgendwo geschieht ein Wunder, auch wenn du es vielleicht nicht gleich als solches erkennst.

Da wird zum Beispiel ein Kranker gesund, wenn es dran ist! Der eine hat die Gabe der Heilungen, beim anderen ist das nur ein gelegentlicher Treffer: zur richtigen Zeit am richtigen Ort. Das ist beides in Ordnung.

Bleiben wir bei dem Beispiel Krankenheilungen. Es gibt christliche Kreise die meinen, sie müssten jedem Kranken die Hände auflegen, ob die biblischen Voraussetzungen in diesem Augenblick erfüllt sind oder nicht. Finger drauf, den kriegen wir schon heil, im Namen Jesu! Was dabei aber oft fehlt, ist genau dieser Auftrag: „Im Namen Jesu".

Nix Jesus, eigener Wille!

Wenn ein Polizist an deiner Tür klingelt und deine Wohnung durchsuchen will, „im Namen des Gesetzes", dann soll er dir erst einmal den richterlichen Durchsuchungsbefehl zeigen. Ohne den hat er überhaupt keine Befugnis dazu, keine Vollmacht. Da fehlt das „im Namen des Gesetzes". Alleine die Tatsache, dass er Polizist ist, reicht nicht aus!

Wenn der Christ einfach loszieht, ohne einen konkreten Auftrag von Jesus zu haben, dann fehlt ebenfalls das „im Namen Jesu", auch wenn er es hundert Mal so formuliert. Sie haben von Gott aktuell nichts gehört, aber sie legen die Hände auf. Es gibt einige Voraussetzungen für Krankenheilungen, Glaube zum Beispiel.

„Dein Glaube hat dich geheilt", sagt Jesus oft. Aber: „In Nazareth konnte er nicht viele Wunder tun, wegen ihres Unglaubens".

Auch für Jesus gab es Voraussetzungen für seine Wunder. In Nazareth passierte auch bei ihm nicht viel, weil sie ihn dort von klein auf kannten und deshalb seine göttliche Autorität ihn Frage stellten. Fehlt Glaube, dann sind diese Voraussetzungen nicht gegeben und es fehlt eindeutig Gottes Wille. Dann fehlt sein Auftrag, dann wird in der Regel nicht viel passieren, außer vielleicht ein paar Zufallstreffer. Die gibt es selbstverständlich.

Ein Beispiel aus meinem eigenen Leben: Vor vielen Jahren heilte mich Gott durch das Gebet einer dieser übereifrigen Christinnen, die jedem gleich die Hände auflegen, selbst aber im Grunde überhaupt nicht mit der Heilung rechnen.

Ich hatte tagelang ununterbrochene Schmerzen in der Leistengegend gehabt. Es wurde unerträglich und ich suchte den Arzt auf. Der diagnostizierte Leistenbruch.

„Ganz klar fühlbar", meinte er. „Wenn es schlimmer wird, dann werden Sie um eine Operation nicht herumkommen. Erwarten Sie nicht, dass es besser wird. Vielleicht können wir es noch etwas hinauszögern. Schwer heben sollten Sie ab jetzt jedenfalls nicht mehr!"

Ich entschloss mich, die Schwarzmalerei des Arztes nicht anzunehmen und redete mit Gott darüber. Noch am selben Abend erzählte ich einem befreundeten christlichen Ehepaar von den Schmerzen und dem Arztbesuch. Wie aus der Pistole geschossen hob die Frau ihre Hände und begann zu beten, „im Namen Jesu". Sie hatte weder meinen Glauben in dieser Sache überprüft, noch hatte sie selbst an die Heilung geglaubt. Trotzdem fing sie ganz mechanisch an zu beten. Es war lieb gemeint und doch handelte sie in diesem Augenblick völlig an der Schrift vorbei. Ich schaute ihr entspannt zu, denn ich hatte von Gott bereits die Zusage der Heilung empfangen. Das wusste die Frau allerdings nicht. Sie betete und binnen kürzester Zeit hörten meine bis dahin ununterbrochenen Schmerzen auf. Sie sind nie wieder zurückgekehrt.

Sie betete und betete, gefühlt schier endlos. Ich beobachtete sie dabei genau, deshalb kann ich ihre Reaktion auf die Heilung so genau wiedergeben.

Als sie fertig war fragte sie: „Und?".

Ich sagte: „Weg! Keine Schmerzen mehr."

Sie nickte scheinbar unbeteiligt: „Aha".

Im nächsten Augenblick wurde ihr wohl erst bewusst, was ich geantwortet hatte. Ihr Kopf schnellte herum und sie rief ungläubig: „Wie bitte?!".

Aufgrund der heftig zweifelnden Reaktion der Betenden kann ich eines sicher behaupten: Dieses Gebet war eindeutig nicht „im Namen Jesu". Sie selbst zweifelte am Wirken Gottes, bevor sie überhaupt zu beten begonnen hatte. Damit fehlte ihr jegliche Vollmacht, denn sie betete sicherlich kein „Gebet des Glaubens", wie die Bibel sich ausdrückt.

„Diese Zeichen aber werden die begleiten, die gläubig geworden sind: ... Kranken werden sie die Hände auflegen, und sie werden sich wohl befinden."

Heilung ist lediglich eine Begleiterscheinung christlichen Handelns, mehr nicht! Der eine hat von Gott die spezielle Gabe der Heilung bekommen, der nächste nicht, er hat dafür andere Gaben empfangen. Wir finden in der gesamten Bibel nichts von sogenannten Heilungsdiensten. Es gibt die Gaben, aber nicht derartige „Dienste".

Verkündige das Evangelium, dann werden dich "Zeichen und Wunder" automatisch begleiten, mal mehr, mal weniger. Unser Dienst ist es, das Evangelium weiterzugeben, Jünger zu gewinnen und sie zu lehren. In welcher Form auch immer das geschehen mag. Der eine ist vollzeitlicher Evangelist, der andere ist Buchhalter oder Landschaftsgärtner, der eben „nebenbei" Zeugnis für Gott gibt. Aber alle Zeichen und Wunder sind "nur" Begleiterscheinungen. Als die 70 Jünger, die Jesus ausgesandt hatte, das Reich Gottes zu verkünden, zurückgekehrt waren, zeigten sie sich ganz aufgeregt und meinten: *„Herr, auch die Dämonen sind uns untertan in deinem Namen"* (Lukas 10, 17).

Wie reagierte Jesus darauf?

Er antwortete ganz lapidar: *„Doch nicht darüber freut euch, dass euch die Geister untertan sind; freut sich aber lieber darüber, dass eure Namen im Himmel geschrieben sind"* (Vers 20).

Ich interpretiere jetzt ein bisschen. Jesus sagt da eigentlich: Haltet euch nicht mit solchen Nebensächlichkeiten auf. Tut euren Dienst und empfangt dafür euren Lohn, nämlich das ewige Leben bei Gott. Darüber sollt ihr euch freuen und nicht über diesen ganzen Hokuspokus außen herum.

Gott hat es uns im Grunde sehr einfach gemacht. Warum sollten wir uns abstrampeln und Frust ernten, nur weil wir aus uns selbst heraus oder zu unserer eigenen Ehre handeln wollen. Lasst uns doch lieber entspannt zurücklehnen und auf Gott hören, „auf den Geist säen", wie es im Galater 6, 8 heißt. *Er* tut die Arbeit und wir werden dafür auch noch belohnt und ernten ewiges Leben. Was brauchen wir dazu? Ein offenes und ehrliches Herz vor Gott. Das ist alles!

Harre auf Gott und dir werden sich Welten auftun, die du bislang vielleicht noch nicht kanntest. Dein Leben wird sich radikal ändern und du wirst staunen. Du brauchst dazu nur im kindlichen Glauben vor Gott zu treten.

Gott, die Liebe und du

So manche coolen Jungs brüsten sich mit spöttischem Grinsen, dass sie sich sehr wohl an Gottes Wort halten, zumindest in einem, sie praktizieren die Liebe sehr ausgiebig: jeden Tag mit einer anderen Frau! - Das hat mit Liebe natürlich überhaupt nichts zu tun, das ist billig praktizierter Sex, reines Triebleben.

Sex an sich ist etwas Wunderschönes, aber es kommt immer darauf an, unter welchen Umständen er stattfindet. Er kann im geschützten Rahmen einer Ehe zum Beispiel zu höchster Erfüllung führen. Aber auch in diesem Fall ist der Sex selbst nicht die Liebe, sondern die Folge einer Liebe und damit einhergehenden Vertrautheit zwischen Mann und Frau.

Jesus spricht allerdings von ganz anderer Liebe, nämlich der zu den Mitmenschen, zu sich selbst und – ganz wichtig - der Liebe zu Gott.

Matthäus 22, ab Vers 35

Einer von ihnen, ein Gesetzeslehrer, stellte ihm eine Frage, um ihn zu versuchen, und sprach: 'Meister, welches ist das größte Gebot im Gesetz?'. Und Jesus sprach zu ihm: 'Du sollst den Herrn, deinen Gott, lieben mit deinem ganzen Herzen und mit deiner ganzen Seele und mit deinem ganzen Denken. Das ist das erste und größte Gebot. Und das zweite ist ihm vergleichbar: Du sollst deinen Nächsten lieben wie dich selbst.'

Wenn wir Gott wirklich lieben, dann werden wir versuchen, ihm zu gefallen und als Folge daraus, aufrichtig seinem Wort zu gehorchen.

Interessant ist, dass Jesus formuliert: „... mit deinem ganzen Herz und deiner ganzen Seele ...", aber auch: „... mit deinem ganzen Denken!"

Es ist also nicht nur das Herz angesprochen, nein, auch unser logisches Denken.

Liebe ist nicht nur ein Gefühl, es ist auch Kopfsache, für die wir uns entscheiden können oder eben nicht. Jesus fordert uns ganz klar auf, zu lieben.

Er sagt nicht: „*Wenn* es dir möglich ist zu lieben ...".

Er sagt eindeutig: „Tu es!"

Das ist zumindest anfänglich nur über den Verstand möglich! Er fordert uns auch auf, andere Menschen zu lieben – „deinen Nächsten", wie er formuliert.

Er wird sogar noch krasser und sagt: „Liebe deinen Nächsten *wie dich selbst*"!

Dazu beantworte dir selbst einmal folgende Frage: Wenn du für dich einkaufen gehst, wirst du dann Lebensmittel kaufen, die du *nicht* magst, die dir egal sind oder kaufst du das, was dir schmeckt? Suchst du für dich bewusst die Dinge, die dir unangenehm sind oder nicht eher solche, die du magst? Jeder wird doch schauen, dass er für sich die Umstände so macht, dass sie für ihn selbst das Beste sind.

Wenn wir Jesu Worte wirklich ernst nehmen, dann werden wir als Konsequenz auch für unsere Mitmenschen grundsätzlich das Beste suchen. Wir sollen den anderen Lieben, wie uns selbst. Mal ganz ehrlich, wenn jeder auch auf den anderen schauen würde, dann hätten wir doch ein ganz tolles Miteinander, oder? Dann würden die anderen nämlich auch auf das schauen, was *du* willst.

Das ist das Gesetz von Ursache und Wirkung, dem wir später ein ganzes Kapitel widmen. Wenn *du* dich um andere bemühst, dann können die gar nicht anders, als sich auch um *dich* zu bemühen. Das ist übrigens das Erfolgsrezept Nummer eins. Frage nicht, was *du* willst, sondern frage dich: Was haben die *anderen* davon, dass es *dich* gibt? Wenn du das tust, dann wird dir der Erfolg von selbst nachlaufen. Probiere es aus!

Warum ist das so? Die anderen wollen mit Sicherheit weiterhin, dass du alles Erdenkliche tust, damit es ihnen gut geht. Deshalb ist die logische Konsequenz, dass auch sie dir Gutes tun. Aber das tut nicht nur einer, sondern viele, denn du tust ja für *jeden* soweit es geht das Beste! Und dann denken viele auch dich, nicht nur einer.

Du hast also die Wahl: Bist du Egoist und denkst nur an dich selbst, dann ist auch an dich gedacht. Das tust in diesem Fall allerdings nur du, aber sonst wird es wohl kaum noch jemand tun. Wenn du aber deinen Egoismus aufgibst und auch an die vielen anderen denkst, dann werden diese vielen auch an dich denken. Du multiplizierst auf diese Weise ganz nebenbei dein eigenes Wohlergehen.

In dieser Bibelstelle steht aber zwischen den Zeilen noch etwas enorm Wichtiges. Ich zitiere noch einmal: *„Du sollst deinen Nächsten lieben wie dich selbst"*. Jesus fordert uns damit ganz klar auch auf, dass wir *uns selbst* lieben sollen. Er meint damit nicht egoistische Selbstliebe! Die hat sich im Grunde bereits erledigt, wenn wir die Nächstenliebe ernst nehmen. Was meint Jesus denn?

Nun, es gibt viele Menschen, die sich selbst für dumm, widerlich oder unfähig halten und sich deshalb eher hassen als lieben. - Hallo, Gott liebt dich! Welches Recht hast du also, dich selbst *nicht* zu lieben? Wenn *er* dich liebt, dann tue *du* es auch!

„Aber ich bin doch nur schlecht! Wie kann Gott mich lieben? Der liebt mich bestimmt nicht!".

Und ob er dich liebt! Er liebt sicher bei weitem nicht alles, was du tust, aber er liebt dich als Person heiß und innig! Also komme bitte herunter von deiner Selbstanklage und nimm dich selbst an! Wenn du das halbwegs geschafft hast, dann werden Dinge, die dir jetzt wie riesige Berge wirken, plötzlich ganz anders erscheinen: Auf einmal siehst du die Straße um den Berg herum oder es tut sich ein Tunnel auf, der mitten durch diesen Berg führt. Liebe dich selbst, denn Jesus fordert dich dazu auf!

Er liebt dich, mich, uns alle, und er fordert uns auf, dass wir *ihn* lieben, unsere Mitmenschen und auch uns selbst! Du kannst jetzt fragen, woher ich denn so sicher weiß, dass Gott wirklich *jeden* liebt. Ganz einfach, wir finden es in der Bibel!

Johannes 3, 16 - 17:
Denn so sehr hat Gott die Welt geliebt, dass er seinen eingeborenen Sohn gab, damit jeder, der an ihn glaubt, nicht verlorengeht, sondern ewiges Leben hat. Denn Gott hat seinen Sohn nicht in die Welt gesandt, damit er die Welt richte, sondern damit die Welt durch ihn gerettet werde.

Gott schickt seinen Sohn Jesus in diese Welt, damit er für uns am Kreuz stirbt, bestialisch gequält. Warum hat Gott das getan? Weil er uns liebt, und zwar jeden einzelnen. Er brachte dieses Opfer aus reiner Liebe. Gott möchte, dass *„jeder*, der an ihn glaubt, nicht verlorengeht, sondern ewiges Leben hat". Jeder! Nur deshalb ist Jesus für uns am Kreuz gestorben. Es gibt keinen einzigen Menschen auf unserem Planeten, der das nicht in Anspruch nehmen darf.

Er ist das letzte Opferlamm, das je für die Sünde von Menschen geschlachtet werden musste. Dadurch sind wir frei und haben nun ewiges Leben in der Herrlichkeit Gottes. Wir können es auch plump ausdrücken: Wenn du an Jesus glaubst, dann kommst du in den Himmel. Es ist so einfach!

Du brauchst nichts zu tun, du *kannst* gar nichts tun, um dir diesen Himmel zu erkaufen. Jesus trug deine Schuld, das sagt uns die Bibel. Durch dein Handeln kommst du nicht zu Gott, da kannst du noch so ein „guter" Mensch sein. Nimm einfach an, dass Gott dich so sehr geliebt hat, dass *er* alles für dich bereits erledigt hat. Es geschah durch seine Gnade! "Gnade" bedeutet schlicht und ergreifend „unverdiente Gunst". Nimm es an, sei errettet und sage ganz einfach „danke" dafür.

Die Bibel spricht von so tollen Dingen wie die Gnadengaben der Heilungen, das Wort der Erkenntnis, Weissagungen, Wunderwirkungen und noch vieles mehr. Sie sind alle im 12. Kapitel des 1. Korintherbriefes aufgezählt. Doch die

letzten Worte dieses Kapitels lauten: *„..., und ich will euch einen noch weit vortrefflicheren Weg zeigen."*
Damit schließt Kapitel zwölf und 13 beginnt. Das ist das sogenannte Hohelied der Liebe.

1. Korinther 13 komplett

1 Wenn ich in Sprachen der Menschen und der Engel redete, aber keine Liebe hätte, so wäre ich ein tönendes Erz oder eine klingende Schelle. 2 Und wenn ich Weissagung hätte und alle Geheimnisse wüsste und alle Erkenntnis, und wenn ich allen Glauben besäße, sodass ich Berge versetzte, aber keine Liebe hätte, so wäre ich nichts. 3 Und wenn ich alle meine Habe austeilte und meinen Leib hingäbe, damit ich verbrannt würde, aber keine Liebe hätte, so nützte es mir nichts! 4 Die Liebe ist langmütig und gütig, die Liebe beneidet nicht, die Liebe prahlt nicht, sie bläht dich nicht auf; 5 sie ist nicht unanständig, sie sucht nicht das ihre, sie lässt sich nicht erbittern, sie rechnet das Böse nicht zu; 6 sie freut sich nicht an der Ungerechtigkeit, sie freut sich aber an der Wahrheit; 7 sie erträgt alles, sie glaubt alles, sie erduldet alles.

8 Die Liebe hört niemals auf. Aber seien es Weissagungen, sie werden weggetan werden; seien es Sprachen, sie werden aufhören; sei es Erkenntnis, sie wird weggetan werden. 9 Denn wir erkennen stückweise und wir weissagen stückweise; 10 wenn aber einmal das Vollkommene da ist, dann wird das Stückwerk weggetan. 11 Als ich ein Unmündiger war, redete ich wie ein Unmündiger, dachte wie ein Unmündiger und urteilte wie ein Unmündiger; als ich aber ein Mann wurde, tat ich weg, was zum Unmündig sein gehört.

12 Denn wir sehen jetzt mittels eines Spiegels wie im Rätsel, dann aber von Angesicht zu Angesicht; jetzt erkenne ich stückweise, dann aber werde ich erkennen, gleichwie ich erkannt bin. 13 Nun aber bleiben Glaube, Hoffnung, Liebe, diese drei; die größte aber von diesen ist die Liebe.

Das Hohelied der Liebe zeigt uns ganz deutlich, was Liebe ist, was sie tut, wie sie wirkt und was ein Mensch ist, der diese Liebe nicht hat.

1. Korintherbrief, 13, Vers 1:
Wenn ich in Sprachen der Menschen und der Engel redete, aber keine Liebe hätte, so wäre ich ein tönendes Erz oder eine klingende Schelle.

Auf Deutsch, ein Krachmacher und sonst nichts. Die Bibel drückt sich da recht krass aus. Du kannst noch so toll daherreden, wenn keine Liebe in dir ist, dann bist du nur ein Haufen Blabla.

Vers 2:
Und wenn ich Weissagung hätte und alle Geheimnisse wüsste und alle Erkenntnis, und wenn ich allen Glauben besäße, sodass ich Berge versetzte, aber keine Liebe hätte, so wäre ich nichts.

Das sagt im Grunde dasselbe aus, allerdings spricht er hier auf die christlichen Gaben und Fähigkeiten an. Egal welche tollen Gaben du hast, du kannst etwas ganz Besonderes sein, jemand total Außergewöhnliches, ohne

Liebe bist du trotzdem nichts. Dann bist du zu nichts nütze, selbst wenn du ein Genie bist. Auch der dritte Vers betont das nochmals.

Vers 3:
Und wenn ich alle meine Habe austeilte und meinen Leib hingäbe, damit ich verbrannt würde, aber keine Liebe hätte, so nützte es mir nichts!

Danach wird aufgezählt, *wie* Liebe ist: *Die Liebe ist langmütig und gütig.*

Demnach sollten wir Geduld gegenüber unserem Nächsten zeigen, nicht über alles motzen, sondern freundlich und nachsichtig mit unseren Mitmenschen umgehen.

Die Liebe beneidet nicht.
Andere Übersetzungen schreiben: *Die Liebe eifert nicht.*

Was ist eifern? - Rechthaberei! Anderen stets erklären, wie sie etwas zu tun haben. Selbst in Fällen, in denen wir tatsächlich besser Bescheid wissen, hat Rechthaberei mit Liebe absolut nichts zu tun.
Eifersucht, weil ich sie oder ihn so sehr liebe? Auch das ist Egoismus! Wir zwängen den anderen damit in ein Korsett: Er/sie muss mich doch zurücklieben, am besten auf die Art und Weise, wie *ich* das gerne haben möchte! Ist das tatsächlich Liebe? Und sollte er/sie mich tatsächlich hintergangen haben, dann nutzt mir meine Eifersucht auch nichts, denn:

Die Liebe prahlt nicht, sie bläht dich nicht auf; sie ist nicht unanständig.

Daran krankt leider allzu oft das Verhalten vieler Menschen untereinander. In wie vielen Ehen zeigt einer dem anderen, wie blöd der eigentlich ist, treibt Spott mit seinem Partner oder verhält sich schlichtweg ungehörig? Wieviel ist mir meine Ehe, meine Partnerschaft wert? Gerade mein Partner sollte mir am engsten vertraut sein. Wenn ich ihn wirklich liebe, dann verhalte ich mich so, dass es der Partnerschaft guttut und schlage nicht noch Keile dazwischen! Wie ist wahre Liebe?

Sie sucht nicht das ihre, sie lässt sich nicht erbittern, sie rechnet das Böse nicht zu; sie freut sich nicht an der Ungerechtigkeit, sie freut sich aber an der Wahrheit; sie erträgt alles, sie glaubt alles, sie erduldet alles.

„Es gehören immer zwei dazu", heißt es, vor allem dann, wenn ein Paar auseinander geht. Aber ganz ehrlich, es gehören auch immer zwei dazu, wenn es klappen soll. Einer allein kann sich bemühen so viel er will, wenn mittel- oder langfristig der andere nicht ebenfalls mitzieht, dann funktioniert es trotzdem nicht.
Was hat der andere davon, dass es dich gibt? Diese Frage gilt auch hier. Liebe Gott, liebe deinen Nächsten, liebe dich selbst und ganz besonders deinen Partner!

Freiheit pur

Eine ältere Dame hatte durch eine der Finanzkrisen vor Jahren 30.000 Euro verloren. Um ihre letzten Kröten noch zu retten, wollte Sie schnellstmöglich ihre Aktienfonds verkaufen.

„Brauchen Sie das Geld im Moment?", fragte sie ihr Finanzberater.

„Nein," meinte sie, „aber wer weiß, was noch alles passiert."

Sie verkaufte Hals über Kopf!

Jemand anderes meinte in diesen Tagen, seine wohl durchdachte Altersvorsorge sei in sich zusammengebrochen wie ein Kartenhaus. Angst machte sich zu dieser Zeit breit.

Wir leben in einem freien Land, heißt es. Aber sind wir wirklich frei? Sind wir nicht eher Gefangene unseres eigenen Systems, des Geldes, unseres Arbeitsplatzes? Freiheit ist ein Stichwort, das wieder aktueller geworden ist, denn je zuvor.

Wenn wir einen dieser typischen Mittelalterfilme anschauen, dann gibt es da stets die edlen Herren auf der einen Seite und die geknechteten Bauern und Sklaven auf der anderen Seite.

In den USA war es bis zum Bürgerkrieg auch nicht anders. Die Südstaaten holten sich Farbige, die wurden versklavt und mussten Schwerstarbeit verrichten.

Zum Glück haben wir heute so etwas nicht mehr, es gibt Gesetz und Ordnung. Da ist so etwas nicht mehr möglich!

– Ist das tatsächlich so? Hat Sklaverei heute nicht einfach einen anderen Namen? Zwängt uns unsere Gesellschaft nicht in ein starres Korsett und wenn wir nicht nach ihren Regeln mitspielen, dann fallen wir durch das gesellschaftliche Raster?

Ohne Moos nix los! Wenn du kein Geld hast, dann lebst du am Rande der Gesellschaft. Zwingst du dich nicht jeden Morgen aus dem Bett, um wenigstens so viel Geld zu verdienen, dass du halbwegs anständig leben kannst? Unsere Sklaverei heute heißt Chef, Geld, Kirche oder Gesellschaft. Die Seelenklempner haben Hochkonjunktur, weil wir dem Druck dieser Welt kaum mehr standhalten können.

„Keine Zeit, keine Zeit, ich muss, ich muss, ich muss", tönt es aus allen Richtungen! - Bist du wirklich frei?

Zum Teil machen wir uns unsere Probleme auch noch selbst: „Mein Kollege fliegt im Sommer in die Karibik, und ich?"

„Mein Auto ist zwar nicht schlecht, aber mein Nachbar fährt jetzt einen Mercedes!"

„Was denken denn die anderen, wenn ich meine Schwächen zeige?"

„Ich muss unbedingt Diät machen. Meine Freunde haben alle so einen straffen Bauch und bei mir läuft der Speckring rund um die Hüften."

„Oh weh, oh weh. Die Welt ist ja so schlecht!".

Ist denn die Erwartungshaltung unserer Welt nicht schon groß genug, müssen wir uns tatsächlich auch noch selbst *ein* Joch nach dem anderen auferlegen, müssen wir tatsächlich über alles Bescheid wissen? Ist es nicht egal, wie es in Havanna aussieht oder ob der Sandstrand von

Florida so viel schöner ist als die italienische Riviera? Vielleicht brauchen wir das alles ja nur, um vor anderen groß zu wirken, oder um wenigstens mitreden zu können.

Wenn wir unseren Bauchspeck loswerden wollen, dann sollten wir etwas dagegen tun, logisch! Aber wir sollten das für uns selbst machen, nicht für die anderen. Vielleicht noch aus Liebe zu unserem Partner, dann aber bitte freiwillig und ohne Stress.

Selbstverständlich sollten wir uns pflegen und nicht nachlässig mit uns selbst sein, aber bitte nicht davon versklaven lassen. Selbstverständlich sollten wir versuchen, den Menschen gerecht zu werden, aber nur soweit es tatsächlich Sinn ergibt und auch in unserer Kraft steht. Wir sollten für andere tun, was immer wir können. Das wird reichlich auf uns zurückkommen. Aber bitte nicht über unsere Kräfte hinaus, zumindest nicht auf Dauer.

Paulus ermahnt die Gemeinde in Rom, dass sie auf andere Menschen Acht haben sollen, aber wo es nicht geht, da geht es eben nicht. Sich dann frustriert zurückzuziehen wäre nicht gut, sondern wir sollten es akzeptieren.

Römer 12, 18:
Ist es möglich, soviel an euch liegt, so haltet mit allen Menschen Frieden.

„Ist es möglich, soviel an euch liegt", sagt Paulus. Tue es! Versuche es, soweit du kannst. Aber wenn es nicht geht, dann müssen wir das ebenfalls akzeptieren. Wir werden es nie schaffen, *allen* Menschen gerecht zu werden. Wo der eine „super" sagt, da sagt der andere „ganz mies". Halte

Frieden mit den Menschen, soweit du kannst. Wenn es aber nicht möglich ist, dann akzeptiere das. Deswegen bist doch *du* nicht schlecht, oder?

Freiheit in einer Welt, die uns versklaven möchte, wie geht das? Tue das, was du tun musst von Herzen, für dich, für Gott, aber versuche nicht zwanghaft, es jedem recht zu machen. Gib dein Bestes in jeder Situation, aber wenn es nicht ausreicht, dann ziehe die Notbremse.

Dann hörst du von Spöttern vielleicht: „So ein Schwächling!"

Na und? Bist du ihm tatsächlich Rechenschaft schuldig?

Dafür wird ein anderer sagen: „Was für eine Größe, der weiß genau wann es Zeit ist, den anderen den Dreck vor die Füße zu schmeißen."

Galater 5,1

So steht nun fest in der Freiheit, zu der Christus uns befreit hat, und lasst euch nicht wieder in ein Joch der Knechtschaft spannen!

Viele Zwänge setzen wir uns selbst. Ein Beispiel:

Die deutsche Straßenverkehrsordnung schreibt uns vor, dass wir außerhalb geschlossener Ortschaften auf Bundes- oder Landstraßen höchstens 100 Stundenkilometer fahren dürfen. Oftmals sind die Strecken auf 80 oder gar weniger begrenzt. Ob wir das einsehen oder für ungerechtfertigt halten ist dabei völlig einerlei. Wenn du auf einer 80er Strecke mit 100 oder schneller erwischt wirst, dann musst du die Konsequenzen tragen. Du kannst dann zornig schimpfen: „Scheiß Bullen!", aber das ändert nichts an der Tatsache, dass du schneller gefahren bist, als gesetzlich erlaubt war.

Trainiere dich einmal selbst. Gehe bewusst runter mit der Geschwindigkeit, wenn du an einem entsprechenden Verkehrsschild vorbeifährst. Nimm es einfach hin und tu es. Freiwillig! Wenn du das eine Zeit lang geübt hast, dann entsteht in dir eine Freiheit, die du bis dahin vielleicht noch nie gekannt hast. Du wirst völlig entspannt über die Straßen fahren und manchmal wird dir sogar ein Schmunzeln über die Lippen gehen, wenn du andere Autofahrer beobachtest, die völlig verkrampft hinter ihrem Steuer kleben. Außerdem wirst du noch etwas entdecken: Fast immer wirst du die anderen sowieso wieder einholen, an der nächsten Ampel, Baustelle oder ganz einfach im nächsten Stau.

Mein Fahrlehrer vor zig Jahren erzählte uns folgende wahre Geschichte. Er fuhr mit Freunden von Süddeutschland aus nach Paris. Zwei Autos! Sie verabredeten, dass ein Auto möglichst immer 140 Stundenkilometer fährt, soweit das möglich sei, das andere sollte sich an die Verkehrsregeln halten, aber so schnell wie möglich fahren. Es war ein größerer Mercedes. Die Erstankommenden sollten beim Eifelturm auf die anderen warten.

Letztendlich trafen sie sich dort mit einem Zeitunterschied von ziemlich genau 20 Minuten. Also, Hektik und Stress bei Fahren bringt absolut nichts!

Diese neue Freiheit hat noch einen schönen Nebeneffekt: Du brauchst nicht ständig auf der Hut sein, ob irgendwo geblitzt wird.

Jakobus 1, 25:

Wer aber hineinschaut in das vollkommene Gesetz der Freiheit und darin bleibt, dieser Mensch, der kein vergesslicher Hörer, sondern ein wirklicher Täter ist, er wird glückselig sein in seinem Tun.

Wir alle möchten, dass es uns gut geht. Dafür tun wir viel. Trotzdem sind wir uns genau in diesem Bestreben oft selbst im Weg. Möchtest du „glückselig" sein, wie es Jakobus ausdrückt? - Ja? - Warum tust du dann so viel dagegen?

Stelle dir vor, du liebst Muscheln über alles. Du verabredest dich mit Freunden in dem Ristorante, in dem die besten Muscheln der ganzen Stadt serviert werden. Das Wasser läuft dir schon beim Hinfahren im Mund zusammen. Du bestellst und ... die Bedienung zuckt die Achseln und sagt: „Sorry, alle schon weggegessen. Heute haben wir keine mehr!"

Scheiß Laden, der Abend ist für dich gelaufen! Du wolltest einen netten Abend mit deinen Freunden haben und jetzt das! -

Natürlich hast du dich auf die Muscheln gefreut, aber muss deshalb der ganze Abend im Eimer sein? Bestelle dir einfach Pizza oder Pasta, genieße sie und mache dir trotzdem eine schöne Zeit mit deinen Freunden. Dann isst du halt ein anderes Mal deine Muscheln dort! Unsere Einstellung zu den Dingen bestimmt oft ihren Ausgang!

Springen wir nun zu unserem Arbeitsplatz. Auch er ist eine riesige Baustelle in Bezug auf Freiheit.

Epheser 6, 5-8

Ihr Knechte, gehorcht euren leiblichen Herren mit Furcht und Zittern, in Einfalt eures Herzens, als dem Christus; nicht mit Augendienerei um Menschen zu gefallen, sondern als Knechte des Christus, die den Willen Gottes von Herzen tun; dient mit gutem Willen dem Herrn und nicht den Menschen, da ihr wisst: Was ein jeder Gutes tun wird, das wird er von dem Herrn empfangen, er sei ein Sklave oder ein Freier.

Wenn da steht, dass wir mit Furcht und Zittern unseren leiblichen „Herren" gehorchen sollen, dann heißt das nicht, dass wir vor unserem Chef ängstlich herumkriechen müssen, sondern einfach, dass er der Chef ist, wir das respektieren und nach bestem Wissen und Gewissen für ihn arbeiten sollten. Er gibt uns einen Job und bezahlt uns, dafür hat er das Recht, loyale Arbeit zu fordern.

Wir brauchen es gar nicht für den Chef selbst zu tun. Gott möchte, dass wir das, was wir tun, bestmöglich tun. Also lass es uns für Gott tun. Und plötzlich können wir feststellen, dass unsere Arbeit immer besser wird und vor allem, dass wir sie viel lieber tun. Wir werden nicht mehr Dienst nach Vorschrift herunterleiern, sondern ergebnisorientiert handeln. Wir werden nicht mehr unsere Zeit absitzen, sondern Lösungen präsentieren.

Nochmals Vers 8: *„… da ihr wisst: Was ein jeder Gutes tun wird, das wird er von dem Herrn empfangen …".*

Wenn wir Fleiß säen, dann wird uns der Job plötzlich nicht nur mehr Spaß machen, weil er halt doch nicht so stupide ist, wie wir ihn bisher gesehen haben, sondern wir werden außerdem die Frucht unserer Saat ernten. Wir bekommen auf einmal mehr Freiheiten, vielleicht auch mehr Verantwortung. Wo wir vielleicht dachten: „Das schaff ich nicht", das geht plötzlich viel leichter von der Hand. Und schon wird das morgendliche Aus-dem-Bett-Quälen ein bisschen weniger Qual, weil wir es für Gott tun!

Aber die Bibelstelle geht noch weiter. Sie richtet sich nämlich auch an den Chef.

Epheser 6, 9
Und ihr Herren, tut dasselbe ihnen gegenüber, und lasst das Drohen, da ihr wisst, dass auch euer eigener Herr im Himmel ist und dass es bei ihm kein Ansehen der Person gibt.

Gott ist es völlig egal, ob wir die Toiletten putzen, Abteilungsleiter sind oder Generaldirektor. Bei ihm gibt es kein Ansehen der Person. Er liebt jeden. In seinen Augen sind wir alle gleich viel Wert, unabhängig davon, auf welcher Hierarchieebene wir arbeiten. Toiletten müssen genauso geputzt werden wie eine Firma gemanagt, und den Chef möchte ich sehen, wenn es niemanden gäbe, der Toiletten reinigt.

Also lasst uns unsere Arbeit für Gott tun und wir werden seinen Segen ernten. Egal was für eine Arbeit wir tun, wir sollten sie so zuverlässig und so gut wie möglich machen. Dadurch werden wir eine Freiheit empfinden, die wir vorher vielleicht noch nie erlebt haben, obwohl wir im Grunde nichts anderes tun wie vorher auch.

Diese Freiheit können wir durch Jesus erlangen. Er sagt im Lukasevangelium:

Lukas 4, 18
Der Geist des Herrn ist auf mir, weil er mich gesalbt hat, Armen frohe Botschaft zu verkünden; er hat mich gesandt, zu heilen, die zerbrochenen Herzens sind, Gefangenen Befreiung zu verkünden und den Blinden, dass sie wieder sehend werden, Zerschlagene in Freiheit zu setzen.

Nimm diese Freiheit an. Er bietet sie dir! Dazu musst du nicht einmal an deinen Lebensumständen schrauben. Egal wo du gerade stehst, du kannst frei sein, innerlich frei! Es beginnt in deinem eigenen Kopf. Wenn du da einmal bewusst ausmistest und abstaubst, dann wird es dir möglich sein, diese Freiheit kennenzulernen.

Ein Pastor hat einmal in einer Predigt gesagt: „Du kannst vor deinen eigenen Lebensumständen flüchten, du kannst versuchen sie zu ändern, du nimmst aber eines immer mit: dich selbst!".

Wenn du den Müll in deinem eigenen Kopf nicht zu entsorgen vermagst, dann kannst du noch so sehr Veränderungen in deinem Leben anstreben, deine Probleme wirst du immer mitnehmen.

Es ist bekannt, dass viele Lottomillionäre nach ein paar Jahren wieder bettelarm sind. Warum ist das so? Weil der Gewinn zwar ihr Leben verändert hat. Sie hatten plötzlich Geld. Aber sie hatten nie gelernt, damit umzugehen. Sie konnten das nicht, als sie keines hatten, sie konnten es aber auch nicht, als sie viel davon hatten. Sie waren sich selbst im Weg. Sie haben nicht in sich selbst ausgemistet. Was tust du also, um echte Freiheit zu erlangen?

Johannes 8, 31 - 36

Da sprach Jesus zu den Juden, die an ihn glaubten: Wenn ihr in meinem Wort bleibt, so seid ihr wahrhaftig meine Jünger, und ihr werdet die Wahrheit erkennen, und die Wahrheit wird euch frei machen!

Sie antworten ihm: Wir sind Abrahams Same und sind nie jemandes Knecht gewesen; wie kannst du da sagen: Ihr sollt frei werden?

Jesus antwortete ihnen: Wahrlich, wahrlich, ich sage euch: Jeder, der die Sünde tut, ist ein Knecht der Sünde. Der Knecht aber bleibt nicht ewig im Haus; der Sohn bleibt ewig. Wenn euch nun der Sohn - also Jesus - *frei machen wird, so seid ihr wirklich frei.*

Nochmals das Zitat aus Jakobus 1, 25

Wer aber hineinschaut in das vollkommene Gesetz der Freiheit und darin bleibt, ... er wird glückselig sein in seinem Tun.

Wichtig ist dieser kleine Zusatz: „... und darin bleibt". Du kannst in dieses vollkommene Gesetz der Freiheit hineinschauen, es wird dir nichts nützen, wenn du es nicht tust. Tu es und du wirst in deinem Tun glückselig sein!

Im Grunde sind deine Lebensumstände dabei zweitrangig. Selbst wenn du im Gefängnis sitzt, deine Freiheit beginnt in dir drin. Was glaubst du, wie deine Mitgefangenen und die Wärter gucken, wenn du plötzlich deine wahre, innere

Freiheit leben kannst. Dein Leben wird sich verändern, unabhängig von den Umständen.

Josef im Alten Testament war von seinen Brüdern in die Sklaverei nach Ägypten verkauft worden. Er war gefangen. Seine Lebensumstände waren alles andere als rosig. Aber in all diesen Tiefen seines Lebens diente er Gott. Alles was er tat, machte er für Gott. Die Bibel sagt über ihn: „Und Gott war mit ihm".

Er diente sich hoch in der Sklaverei. Als es ihm schließlich recht gut ging dort, warf die Frau seines Herrn ein Auge auf ihn und nötigte ihn mit eindeutigen Angeboten.

Er reagierte: „Nein, du bist die Frau meines Bosses, ich rühr dich nicht an".

Er blieb seinem Herrn gegenüber loyal. Was tut die Frau in ihrem gekränkten Egoismus? Sie denunziert ihn mit falscher Anklage und Lügengeschichten und er landet im Gefängnis.

Aber Josef bleibt Gott weiterhin treu und tut auch dort für jeden das Beste. So ist der Gefangene nach einiger Zeit zwar immer noch Gefangener, aber zugleich auch Oberaufseher. Er fällt positiv auf! Wir überspringen jetzt einiges. Ganz zum Schluss kommt er ins Haus des Pharaos und wird dort im Laufe der Zeit zweiter Mann im Staat, gleich nach dem Pharao.

Was hat Josef aktiv getan, um dorthin zu kommen? Im Grunde nichts! Er hat nur – egal wie Lebensumstände waren – immer Gott gedient und für jeden in seiner Umgebung das Beste getan. Er war innerlich frei. Deshalb hob er sich von den anderen ab und kam so zum Schluss bis in die Staatsspitze.

2. Korinther 3, 17

Denn der Herr ist der Geist; wo aber der Geist des Herrn ist,
da ist Freiheit.

Genau über diese Freiheit reden wir die ganze Zeit, sie
kommt aus uns heraus. Sie ist fest in uns drin! Wenn wir
das wirklich realisieren können, dann haben wir die wahre
Freiheit gefunden. Dann werden wir jegliche Menschen-
furcht verlieren und uns nicht mehr kleiner fühlen als die
anderen. Gleichzeitig werden wir es aber auch nicht nötig
haben, uns mordsmäßig aufzublasen oder uns als wichtig
darzustellen. Nein, wir können einfach wir selbst sein! Das
heißt keineswegs, dass wir perfekt sein werden. Wir können aber ohne Frust mit unseren Unzulänglichkeiten umgehen.
Nun sind aber viele unserer Zeitgenossen neidische Personen. Wenn wir mit uns selbst, der Welt und den Menschen
gut klarkommen, dann werden die Neider nicht lange auf
sich warten lassen. Die lauern schon und warten nur darauf, wie sie uns eins auswischen können.

Galater 5, 1

So steht nun fest in der Freiheit, zu der Christus uns befreit
hat, und lasst euch nicht wieder in ein Joch der Knecht-
schaft spannen!

Das können einerseits Joche sein, die andere uns wieder
überstülpen wollen: „Was, du rauchst nicht mehr? So was
Ödes! Komm, rauch eine mit mir!"

Oder: „Du bist mit dem Auto da und willst deshalb nichts trinken? Das hast du doch früher nicht gemacht. Hier hast du einen Whisky, den kippen wir jetzt runter!"

Wenn wir uns wieder belabern lassen, ist unsere gewonnene Freiheit schneller im Eimer, als wir schauen können.

Galater 2, 4

Was aber die eingeschlichenen falschen Brüder betrifft, die sich hereingedrängt hatten, um unsere Freiheit auskundschaften, die wir in Christus Jesus haben, damit sie uns unterjochen könnten.

Andererseits könnten wir uns auch selbst wieder berauben, indem wir in unsere alten Verhaltensmuster zurückrutschen. Plötzlich lassen wir uns wieder vom schnellen Fahren versklaven oder jammern auf der Party herum, weil wir wegen Autofahrens keinen Alkohol trinken können. Ganz ehrlich, wenn eine Feier ohne Alkohol keinen Spaß macht, dann sollten wir lieber zu Hause bleiben. Wenn wir sie uns erst schön trinken müssen, dann taugt sie mit Sicherheit nicht viel.

Freiheit zu haben ist eines, mit ihr richtig umzugehen etwas anderes. „Hochmut kommt vor dem Fall" ist ein geflügeltes Wort geworden. Auch das stammt aus der Bibel.

Als der Erzengel Luzifer sich über Gott erheben wollte, war die Konsequenz, dass er aus dem Himmel verbannt wurde. Auf diese Weise wurde aus Luzifer Satan.

Jesus sagt im Lukasevangelium 10, 18

„Ich sah den Satan wie einen Blitz vom Himmel fallen".

Das war dieser Fall Satans, der seinem Hochmut folgte. Der Hochmut lauert auch auf uns. Wann immer wir etwas Besonderes erreicht haben, dann ist der Stolz nicht weit. Genau das könnte uns auch mit unserer neu gewonnenen Freiheit passieren.

Galater 5, 13
Denn ihr seid zur Freiheit berufen, Brüder; nur macht die Freiheit nicht zu einem Vorwand für das Fleisch, sondern dient einander durch die Liebe.

Auch Petrus erwähnt das. Er drückt sich etwas deutlicher aus.

1. Petrus 2, 16
... als Freie, und nicht als solche, die die Freiheit als Deckmantel für die Bosheit benutzen, sondern als Knechte Gottes.

Deshalb lasst uns unsere Freiheit nicht dazu benutzen, nun unsererseits andere zu unterjochen oder auszunutzen. Es könnte nämlich folgendes passieren, dazu stellen wir uns dieses Szenario vor:
Ich war bereits in der Vergangenheit ein selbstsüchtiger Geselle. Nun erkenne ich, dass mein fieses Verhalten daher rührte, dass ich in unsichtbaren Ketten gelegen war. Ich entdecke die wahre Freiheit in Christus und sie löst mich aus meiner vorher unerkannten Gefangenschaft. Ich bemerke, dass ich viel mehr erreiche, wenn ich mich

aufrichtig um andere bemühe, als wenn ich nur meinem kleinen Egoismus folge. Das Prinzip von Saat und Ernte: Ich gebe viel, aber empfange noch wesentlich mehr.

Irgendwann fühle ich mich besonders schlau und glaube, die Weisheit mit dem Löffel gegessen zu haben. Spätestens jetzt ist Stolz und Hochmut nicht mehr weit. Ich fange an, schön zu tun, obwohl ich es gar nicht mehr aufrichtig meine.

Äußerlich verhalte ich mich zwar noch genauso wie vorher, als ich noch aufrichtig war, aber innerlich bin ich im Grunde nur noch berechnend. Das geht eine ganze Zeit lang gut, aber irgendwann bin ich genau wieder da, wo ich begonnen habe. Dann renne ich noch verzweifelt meiner Freiheit nach, die mich inzwischen schon lange wieder verlassen hat.

2. Petrus 2, 19
Dabei verheißen sie ihnen Freiheit, obgleich sie doch selbst Sklaven des Verderbens sind; denn wovon jemand überwunden ist, dessen Sklave ist er auch geworden.

Deshalb nutze deine Freiheit nicht als Deckmantel der Bosheit. Das funktioniert nicht, zumindest nicht auf Dauer. Genieße deine Freiheit, lebe sie aufrichtig und sei Licht im Leben anderer. So wird sich der Segensstrom dauerhaft über dich ergießen. Gott hat es uns verheißen. Es ist sein unverrückbares Gesetz. Freiheit ist kein theoretisches Gebilde. Nein, du kannst sie tatsächlich leben!

2. Korinther 13, 11

Im Übrigen, ihr Brüder, freut euch, lasst euch zurechtbrin-
gen, lasst euch ermahnen, seid eines Sinnes, haltet Frieden;
so wird der Gott der Liebe und des Friedens mit euch sein!

Aber was bedeutet das genau?

Das sagt uns Jakobus 1, 25

Wer aber hineinschaut in das vollkommene Gesetz der Frei-
heit und darin bleibt, dieser Mensch, der kein vergesslicher
Hörer, sondern ein wirklicher Täter ist, er wird glückselig
sein in seinem Tun.

Freiheit bedeutet zugleich Segen. Wie sieht das praktisch
aus? Dazu knüpfen wir an das Beispiel zu Beginn dieses
Kapitels an. Diese Begebenheit hat tatsächlich stattgefun-
den, sie ist kein konstruiertes Beispiel.
Der Finanzberater unterhielt sich mit einer alten Dame,
die durch eine damals aktuelle Finanzkrise 30.000 Euro
verloren hatte. Um ihr letztes Geld noch zu retten, wollte
Sie ihre relativ wertlos gewordenen Aktienfonds verkaufen.
„Brauchen Sie das Geld gerade?", fragte sie der Finanzberater.
„Nein", meinte sie, „aber wer weiß, was noch alles passiert.
Ich will sie los werden!"
Er daraufhin: „Die Aktien sind sowieso ganz unten und
damit auch die Aktienfonds. Viel weiter können sie gar
nicht mehr fallen. Sie müssen zwangsweise irgendwann
wieder steigen, das lässt sich im Grunde gar nicht vermeiden. Und dann wird sich ihr Verlust ganz oder zumindest

teilweise wieder ausgleichen. Vielleicht kommen Sie sogar ins Plus!"

Das alles interessierte die Lady nicht. Ihr war das Geld zu wichtig und ihr Denken deshalb völlig verkrampft, so dass sie den weisen Rat des Beraters ausschlug. Sie stieß ihre Fonds ab und machte dadurch Zig-Tausende Verlust.

Ein weiterer, ähnlicher Fall, der allerdings durch innere Freiheit positiv verlaufen ist:

Ein Wirtschaftsstudent im zweiten Semester meinte, er müsse sich in Aktien ausprobieren. Es war ein interessantes Spiel für den Ungeübten. Es kam, wie es kommen musste, der schwarze Freitag ließ die Aktien weltweit in den Keller krachen, seine Lufthansa-Aktien auch. Doch er klammerte sich nicht an das vermeintlich verlorene Geld, sondern tat genau das, was der Finanzberater aus dem vorigen Beispiel der alten Dame zu erklären versucht hatte: nichts tun und einfach abwarten.

Am selben Wochenende sah der Student im Fernsehen ein Interview mit André Kostolani, dem einstigen Börsenguru der Wallstreet. Der Reporter fragte ihn, wieviel er denn durch diesen Schwarzen Freitag verloren hätte.

„Nichts", meinte Kostolani, „Ich habe nicht verkauft".

Der Student hielt seine Lufthansa-Aktien noch weitere drei Jahre, bis er sie letztendlich mit Gewinn verkaufte.

Wenn wir uns nicht an die Dinge klammern, dann gewinnen wir eine wunderbare Freiheit. Diese Freiheit wird sich in Segen für uns verwandeln. Vertraue Gott und du wirst seine Freiheit und seinen Segen empfangen. Die Bibel zeigt uns den klaren Weg dorthin.

Ich wünsche dir diese segnende Freiheit in deinem Leben. Suche sie, tauche nach ihr, wie nach einer kostbaren Perle.

Heuchler, Pharisäer
und andere Spießgesellen

Ich habe eine ganz liebe Bekannte. Sie ist ein herzensguter Mensch. Wenn jemand es verdient, „Freund" genannt zu werden, dann sie! Wenn es stimmen würde, dass der Mensch alleine durch gutes Handeln in den Himmel kommt, dann wäre sie ganz sicher dabei. Diese Freundin glaubt nicht an Jesus und das obwohl sie in langen Phasen ihres Lebens von Christen eng umgeben war. Warum kann sie nicht glauben? – Sie hat sich das Leben vieler Christen angeschaut und kam zu dem Schluss: „Wenn Christsein das ist, was die vorleben, dann möchte ich nie Christ werden!"

Ein anderer Fall, den hat ein bereits verstorbenes Ehepaar erlebt. Als die beiden jung waren, lebten sie in Bayern auf dem Lande und die katholische Kirche regierte dort streng. Die Frau war Atheistin, allerdings evangelisch getauft. Der Mann ging zwar regelmäßig in die Kirche, tat das aber nur aus Tradition, weil es eben üblich war.

Die beiden heirateten evangelisch, damit die Frau nur wegen der Hochzeit nicht extra zur katholischen Kirche konvertieren musste, da sie ohnehin nicht glaubte. Die beiden lebten im Haus seiner Eltern.

Der Pfarrer dieser Gemeinde war so erbost darüber, dass die beiden evangelisch geheiratet hatten, dass er die Eltern kurz nach der Hochzeit aufsuchte und ihnen wegen dieser „Schandtat" nahelegte, wörtlich: „Schmeißt die Kinder doch aus dem Haus!".

Nochmals: Der Pfarrer forderte die Eltern des frisch geba-ckenen Ehemannes auf, den eigenen Sohn samt Frau aus dem Haus zu werfen, aus dem einen Grund, weil sie nicht katholisch geheiratet haben.

Die Eltern taten das zwar nicht, aber was hatte der Pfarrer damit erreicht? - Bis zu ihrem Tod weit mehr als 60 Jahre später, war Christsein für diese Frau ein rotes Tuch. Je-mand, der in ihrer Gegenwart über Jesus und das Evan-gelium zu sprechen begann, erntete augenblicklich höchst aggressive Abwehr. Sie setzte das Verhalten dieses Pfarrers gleich mit jeglicher Form von Christentum.

Wir könnten diese Liste an Beispielen noch endlos fortset-zen. Ich bin selbst Christ. Ich weiß, dass Jesus lebt, dass er am Kreuz unsere Sünde getragen hat und auferstanden ist. Und trotzdem habe ich mit etlichen Christen, besser gesagt, mit dem Verhalten vieler Christen ernsthafte Prob-leme, denn ich sage mir:

„Wenn du Christ bist, wenn du Gott und die Erlösung durch Jesus kennst, dich aber schäbiger benimmst als viele Ungläubige, woran sehe ich denn dein Christsein? Wo ist Jesus in deinem Leben?"

Ich kann Menschen gut verstehen, die auf uns Christen deuten und zynisch ausrufen: „Das ist christlicher Glaube? So will ich nie werden! Ich bleibe lieber Atheist oder suche mir einen Ersatz in Form von Esoterik oder an-deren Religionen".

Das Verhalten vieler Christen hat mit dem, was Jesus für uns getan hat und was er uns lehrt überhaupt nichts mehr zu tun. Er selbst hat genau so ein Verhalten schon vor

2.000 Jahren angeprangert, das können wir in der Bibel nachlesen.

Wie viele Nichtgläubige bezeichnen Christen als Scheinheilige und Heuchler, wenn sie sich deren Leben anschauen?! Leider meist zu Recht! Dennoch wäre es töricht, das zu verallgemeinern. Dazu ein einfaches Beispiel:

Isst du gerne Eis aus der italienischen Eisdiele? Hast du dir auch schon so ein leckeres Eis holen wollen, dich darauf gefreut und als du genüsslich anfingst zu schlecken fiel dir auf, dass du eigentlich nur eine süße Zucker-Aroma-Bombe schlabberst? Mir ist das schon öfters passiert. Ich war total enttäuscht und es kam sogar vor, dass ich das Eis weggeworfen habe, weil ich diese Pampe als ungenießbar empfand.

Ich könnte aus diesen Erlebnissen nun schlussfolgern: Eis schmeckt furchtbar! Es ist eine süße Chemiemasse, sonst nichts! Wenn dem tatsächlich so wäre, dann würde ich jegliches Eis essen augenblicklich einstellen. Aber ... was würde mir da Leckeres entgehen?!

Zum Glück treffen wir auch auf Eis, in das wir uns förmlich hineinsetzen könnten. Das schmeckt cremig, natürlich und wir finden kleine Fruchtstückchen drin. Wie dumm wären wir, wenn wir uns so einen Schmaus entgehen ließen, einzig und allein, weil einige Eisdielen nur ein 0-8-15 Eis oder gar mindere Qualität herstellen!

Mit dem Christsein ist es ähnlich. Nur weil du vielleicht etliche Christen kennst, die Schmierenkomödianten sind, wäre es töricht daraus zu schließen: So ist das Christentum! – Nein, so ist es nicht!

Matthäus 13, 45-46
Wiederum gleicht das Reich der Himmel einem Kaufmann,
der schöne Perlen suchte. Als er eine kostbare Perle fand,
ging er hin, verkaufte alles, was er hatte, und kaufte sie.

Jesus kam in diese Welt, um uns frei zu machen. Frei und
nicht, um uns in irgendwelchen Vorschriften zu ersäufen,
wie wir es leider allzu oft dargestellt finden: Tu dies nicht,
tu jenes nicht!

2. Korinther 3, 17
Denn der Herr ist der Geist; wo aber der Geist des Herrn ist,
da ist Freiheit.

und

Galater 5, 1
So steht nun fest in der Freiheit, zu der Christus uns befreit
hat, und lasst euch nicht wieder in ein Joch der Knecht-
schaft spannen!

Das ist diese Perle, die der Kaufmann gefunden hat. Jesus
hat uns frei gemacht. Das ist das wahre Evangelium, das
ist echtes Christsein. Das ist dieses leckere Eis, das mich
dazu bewegt, überhaupt Eisdielen anzusteuern. Lass es
dir nicht rauben, nur weil etliche Zeitgenossen es falsch
darstellen.
Wenn du die wahre Freiheit in Christus gefunden hast –
das ist diese kostbare Perle –, dann werden dich weder
diese christlichen Verdreher noch sonst irgendein

religiöser Stimmungsmacher beeindrucken können. Wenn du diese Perle hast, dann wirst du sie nie wieder hergeben wollen!

„Heuchler", hat Jesus die Leute genannt, die schon damals die Mitmenschen durch ihre sturen Lehren knechten wollten.

Matthäus 15, 1 - 2, in diesem Kapitel bleiben wir jetzt ein bisschen.

Da kamen die Schriftgelehrten und Pharisäer von Jerusalem zu Jesus und sprachen: Warum übertreten deine Jünger die Überlieferung der Alten? Denn sie waschen ihre Hände nicht, wenn sie Brot essen.

Themen für sinnlose Diskussionen gibt es viele, das war offensichtlich damals nicht anders als heute. Sich die Hände vor dem Essen nicht zu waschen mag aus hygienischer Sicht nicht das Gelbe vom Ei sein, aber es gibt sicherlich Wichtigeres auf dieser Welt.

Tatsache ist, es steht so im jüdischen Gesetz, im Alten Testament. Damals hatte Hygiene nicht den Stellenwert wie heute, darum hat Gott sie kurzerhand ins mosaische Gesetz mit aufgenommen, einfach um die Menschen zu schützen.

Auf andere zu zeigen, anstatt vor der eigenen Haustür zu kehren, das konnten die Menschen damals offensichtlich genauso gut wie wir heute. Jesus kontert und hält ihnen selbst den Spiegel vor.

Verse 3 - 6

Er aber antwortete und sprach zu ihnen: Und warum über-
tretet ihr das Gebot Gottes um eurer Überlieferung willen?
Denn Gott hat geboten und gesagt: ‚Du sollst deinen Vater
und deine Mutter ehren!' und: ‚Wer Vater oder Mutter flucht,
der soll des Todes sterben!'. Ihr aber sagt: ‚Wer zum Vater
oder zur Mutter spricht: Ich habe zur Weihegabe bestimmt,
was dir von mir zugutekommen sollte!, der braucht auch sei-
nen Vater oder seine Mutter nicht mehr zu ehren. Und so
habt ihr das Gebot Gottes um eurer Überlieferung willen
aufgehoben.

Jesus packt die Pharisäer und Schriftgelehrten genau da,
wo sie selbst andere verurteilen. Sie drehen die Schrift so
hin, wie sie es gerade brauchen. Wenn es ums Geld geht,
das als Opfer in den Tempel gebracht werden könnte, dann
modifizieren sie die Schrift so, dass es sich immer noch
heilig anhört, in Wahrheit aber überhaupt nichts mehr mit
dem zu tun hat, was ursprünglich geschrieben stand.
Auch Christen heutzutage sind in vielerlei Hinsicht sehr
eigenartige Gesellen. Sie verstehen es hervorragend, auf
andere mit erhobenem Zeigefinger zu deuten, aber wenn
es um sie selbst geht, dann benehmen sie sich oft wie die
Axt im Wald. Da ist es kein Wunder, wenn sich Nichtgläubige an die Stirn tippen und meinen, die Christen ticken
nicht ganz richtig.
Bitte schließe nicht aus dem Verhalten so mancher Christen auf das Evangelium Jesu Christi. Das sind zwei völlig
unterschiedliche Paar Stiefel. Zum Glück gibt es noch genügend Christen, die eben nicht Verdreher sind, deren

Leben noch weitgehend mit der Lehre Jesu übereinstimmt. Wenn du auf Christen schaust, dann schau bitte auf diese Sorte, nicht auf die Heuchler.

Matthäus 15, ab Vers 7, da spricht Jesus:
Ihr Heuchler! Treffend hat Jesaja über euch geweissagt, wenn er spricht: ,Dieses Volk naht sich zu mir mit seinem Mund und ehrt mich mit den Lippen, aber ihr Herz ist fern von mir.'

Und jetzt kommt ein wichtiger Satz von Jesus:

,Vergeblich aber verehren sie mich, weil sie Lehren vortragen, die Menschengebote sind.'

Das war damals so, das ist auch heute so. Es hat sich in dieser Hinsicht nichts geändert. Sie rennen in ihre Gemeinden, sie reißen die Hände nach oben und rufen „Halleluja, du großer Gott" und wenn sie die Kirche verlassen haben, dann werfen sie ihrem Nachbarn wieder die dicksten Knüppel zwischen die Beine.

Aber das sind Handlungen der Menschen, die sich Christ nennen, das kommt nicht von Jesus oder aus dem Evangelium! Bitte unterscheide das.

„Dieses Volk ehrt mich mit den Lippen, aber ihr Herz ist weit entfernt von mir", sagt Jesus genau aus diesem Grund. Und er fügt auch gleich hinzu, was daraus folgt: „Vergeblich aber verehren sie mich, weil sie Lehren vortragen, die Menschengebote sind." – „Vergeblich", sagt er! Jakobus drückt das in seinem Brief ähnlich aus.

Jakobus 1, 26

Wenn jemand unter euch meint, fromm zu sein, seine Zunge aber nicht im Zaum hält, sondern sein Herz betrügt, dessen Frömmigkeit ist wertlos.

Ihr lieben Christen, das sollten wir uns klar vor Augen halten, das ist knallhart! Es nutzt uns nichts, absolut nichts, wenn wir jeden Sonntag eifrig in die Gemeinde rennen, aber unser Leben nicht danach ausrichten.

Nicht nur, dass es uns nichts nützt, also *wertlos* ist, wir machen Jesus und sein Werk darüber hinaus auch noch zum Gespött, weil ein Nichtchrist dann zu Recht sagt: „So wie *die* will ich nicht werden!". Dabei ist das Werk Jesu doch so eine kostbare Perle!

Er hat uns frei gemacht, er hat uns den Weg in den Himmel zurückgegeben, der aufgrund der Sünde verschlossen war, er hat uns so viel Kraft und Macht gegeben. Unter anderem hat er kurz vor seiner Himmelfahrt folgendes verheißen:

Markus 16, 17-18

Diese Zeichen aber werden die begleiten, die gläubig geworden sind: In meinem Namen werden sie Dämonen austreiben, sie werden in neuen Sprachen reden, Schlangen werden sie aufheben, und wenn sie etwas Tödliches trinken, wird es ihnen nichts schaden; Kranken werden sie die Hände auflegen, und sie werden sich wohl befinden.

Wir wollen in diesem Rahmen nicht das Einzelne hier diskutieren. Tatsache ist, dass Jesus uns mit Autorität und

Kraft ausgestattet hat, daran ist kein Zweifel, was aber machen wir daraus? Wir benutzen das Evangelium für unsere eigenen Zwecke und manipulieren ein bisschen.

Zum Glück gilt das nicht für jeden, aber es gibt doch eine ganze Menge Christen, die das tun. Das gefällt Jesus natürlich überhaupt nicht. Was ist die Folge daraus?

Matthäus 7, 21, da sagt er:
Nicht jeder, der zu mir sagt: Herr, Herr! wird in das Reich der Himmel eingehen, sondern wer den Willen meines Vaters im Himmel tut.

Darum lasst uns auf das Acht geben, was wir tun, vor allem auch, mit welcher Herzenshaltung wir es tun. Christ sein, „Halleluja" schreien, aber ganz anders leben, bringt uns gar nichts. Es kommt noch krasser.

Vers 22
Viele werden an jenem Tag zu mir sagen: Herr, Herr, haben wir nicht in deinem Namen geweissagt und in deinem Namen Dämonen ausgetrieben und in deinem Namen viele Wundertaten vollbracht?

All diese Sachen hat er uns selbst verheißen und die gibt es auch heute noch tatsächlich. Aber er sagt:

Vers 23
Und dann werde ich ihnen bezeugen: Ich habe euch nie gekannt; weicht von mir, ihr Gesetzlosen!

Aua, wenn das keine Ohrfeige ist! Es nützt uns nichts, wenn wir draußen herumrennen, überall eifrig dabei sind, austun, als wären wir die wichtigsten Menschen in der Christenwelt und der Nichtchrist schaut sich unser Leben an und sagt verächtlich: „So wie der will ich nicht werden". Du kannst die tollsten Dinge tun, die Jesus uns verheißen hat und trotzdem sagt er:

„Ich habe euch nie gekannt. Weicht von mir, ihr Gesetzlosen!". Schuld daran haben wir selbst.

Lasst uns das Evangelium so leben, wie Jesus es uns vorgemacht hat. Er hat uns frei gemacht, dich, mich, jeden der es annimmt. Wenn wir so leben und handeln, kommt jemand, der Jesus noch nicht kennt und sagt:

„Ach so ist das mit diesem Jesus. So hat mir das noch keiner erzählt."

Und dann wird er versuchen, selbst nach dieser kostbaren Perle zu tauchen. Eines verspreche ich dir, wer begonnen hat, sich wirklich nach dieser Perle auszustrecken, der wird nicht eher damit aufhören, bis er sie endlich hat!

Egal, wie ein Christ sich benimmt, weder Jesus noch sein Evangelium können etwas dafür. Er hat uns frei gemacht, „zur Freiheit hat Christus uns berufen", so finden wir es in der Bibel. Wann immer dir so ein engstirniger Christ begegnet, sei dir bewusst, dass Jesus alles andere als vernagelt war. Er sagt sogar:

Matthäus 15, 14

Lasst sie! Sie sind blinde Blindenleiter! Wenn aber ein Blinder den anderen leitet, werden beide in die Grube fallen.

Wenn du also auf Christen schaust, dann bitte nicht auf einen dieser Sorte. Er mag vielleicht Christ sein, er mag vielleicht Jesus kennen, aber irgendwie läuft sein Leben dennoch an Christus vorbei.

Schau auf Christen, die das Evangelium kennen und danach leben. In ihnen erkennst du diese Freiheit, diese unendliche Liebe Gottes. Sie haben etwas, von dem du sagst: Hoppla, irgendetwas ist da anders! Aber das sind sie nicht aus sich selbst heraus, das ist Christus in ihnen. Sie lassen es zu, dass Jesus in ihnen und durch sie wirkt. Sie lassen es zu, dass Jesus sie korrigiert. Das ist dieses Licht, das Jesus meint, wenn er sagt: „Ihr seid das Licht der Welt".

Dazu ist Jesus letztendlich gekommen, um uns in diese Freiheit zu führen. Durch seinen Tod am Kreuz und seine Auferstehung sind wir frei von unseren Sünden. Durch ihn haben wir direkten Zugang zu Gott. Er hat uns angenommen, egal, welch schlimmer Finger wir vorher waren. Aber, wir selbst bestimmen, ob wir das annehmen wollen oder nicht!

Wege übers Wasser

Gehst du gerne schwimmen? - Der eine wird nun begeistert „ja!" rufen, der andere ablehnend die Augen verdrehen. Ob auch Jesus schwimmen ging, darüber finden wir in der Bibel keinen Hinweis. Was wir allerdings überliefert kennen ist die Begebenheit, als Jesus über das Wasser läuft. Diese Geschichte hast du sicherlich schon gehört.
Jesus sagt in Markus 9, 23: *„Alles ist möglich dem, der glaubt."*
Demnach sollten wir es doch auch können, richtig? Bevor du jetzt „haha!" rufst und es ablehnst, lass dir sagen, dass ich dir ein Beweisfoto liefern könnte, auf dem ich selbst in voller Schnorchelmontur auf dem Meer in Richtung eines Stegs trippele. Kein Fake, keine Bildbearbeitung, unter mir waren mindestens 15 Meter Wasser. Der Fotograf hat einfach abgedrückt und das Bild ist völlig unverfälscht! Es ist der klare Beweis, dass auch wir auf Wasser gehen können! Naja, vielleicht doch nicht! Das Bild ist tatsächlich unbearbeitet, aber der Fotograf hat zufällig den Sekundenbruchteil erwischt, als ich beim rückwärts ins Wasser Springen mit meinen Fußsohlen gerade die Wasseroberfläche berührt habe. Schade eigentlich!
Aber diese Geschichte als Jesus übers Wasser geht, sagt uns heute sehr viel und daher steigen wir auch gleich damit ein.

Matthäus 14, ab Vers 22

Und sogleich nötigte Jesus seine Jünger, in das Schiff zu steigen und vor ihm an das jenseitige Ufer zu fahren. ... Und nachdem er die Volksmenge entlassen hatte, stieg er auf den Berg, um abseits zu beten; und als es Abend geworden war, war er dort allein. Das Schiff aber war schon mitten auf dem See und litt Not von den Wellen; denn der Wind war ihnen entgegen. Aber um die vierte Nachtwache - das ist irgendwo zwischen drei und sechs Uhr morgens - *kam Jesus zu ihnen und ging auf dem See. Und als ihn die Jünger ihn auf dem See gehen sahen, erschraken sie und sprachen: Es ist ein Gespenst!, und schrien vor Furcht. Jesus aber redete sogleich mit ihnen und sprach: Seid getrost, ich bin's; fürchtet euch nicht.*

Petrus aber antwortete zu ihm und sprach: Herr, wenn du es bist, so befiehl mir, zu dir auf das Wasser zu kommen! Da sprach er: Komm! Und Petrus stieg aus dem Schiff und ging auf dem Wasser, um zu Jesus zu kommen. Als er aber den starken Wind sah, fürchtete er sich, und da er zu sinken anfing, schrie er und sprach: Herr, rette mich! Jesus aber streckte sogleich die Hand aus, ergriff ihn und sprach zu ihm: Du Kleingläubiger, warum hast du gezweifelt? Und als sie in das Schiff stiegen, legte sich der Wind. Da kamen die in dem Schiff waren, warfen sich anbetend vor ihm nieder und sprachen: Wahrhaftig, du bist Gottes Sohn!

Schöne Geschichte, viele kennen sie. Der eine schmunzelt, aber du glaubst gar nicht, was hier alles drinsteckt.

Stelle dir die Situation vor: Die Jünger sind auf dem Schiff, schwere See, das Wasser schwappt nur so umher, sie haben Angst und plötzlich sehen sie eine Gestalt auf dem Wasser laufen. Physikalisch ist das unmöglich! Ihre Angst wird noch größer. Sie schreien vor Furcht. Jesus kommt näher und beruhigt sie: „Keine Bange, ich bin's nur!".

Im Laufe ihres Zusammenlebens mit Jesus hatten die Jünger gelernt, dass Jesus außergewöhnliche Dinge tut. Sie hatten gelernt, sich voll und ganz auf ihn zu verlassen. Auch wir haben heute die Möglichkeit, uns voll und ganz auf Jesus zu verlassen. Aber wir müssen das erst einmal realisieren und eine echte Beziehung zu ihm aufgebaut haben.

Petrus, der ganz auf seinen Herrn vertraut, sagt: „*Herr, wenn du es bist, so befiehl mir, zu dir auf das Wasser zu kommen!*". Er wusste, dass ihm mit Jesus alles möglich sein würde. Das menschlich Unmögliche will Petrus nun wagen, ganz im Vertrauen auf Jesus.

Auch wir können Jesus auf die Probe stellen, so wie die Bibel sagt, „alles ist möglich dem, der da glaubt". Gott hat uns eine Riesenvollmacht gegeben. Er wünscht sich so sehr, dass wir ihm vertrauen und er in unserem Leben wirken darf. Wer lange genug sein Leben mit Jesus gegangen ist, der kann genügend Geschichten davon erzählen, oder, wie die Christen es nennen, Zeugnis davon geben.

Wenn wir nicht ständig versuchen würden, die Dinge aus uns selbst heraus zu meistern, sondern sie Jesus im Gebet hinlegten, dann würden sich oftmals Türen öffnen, an denen wir nicht einmal einen Türgriff sehen. Uns bliebe vor Staunen der Mund offenstehen!

Zurück zu Petrus. Der sitzt in einem kleinen Schiff, wird von Wind und Wellen nur so umhergeschaukelt und meint, er müsse jetzt aussteigen und auf dem Wasser laufen. Aus sich selbst heraus hätte er es mit Sicherheit nicht gewagt, aber er schaut auf Jesus. Der nickt und daraufhin traut Petrus es sich zu. Er weiß, dass er bei Jesus sicher aufgehoben ist. Er rückversichert sich nochmals bei ihm. Jesus sagt: „Komm!". Daraufhin läuft Petrus los.

Zitat aus der Bibel:
„Und Petrus stieg aus dem Schiff und ging auf dem Wasser, um zu Jesus zu kommen."

Die Bibel beschreibt ganz klar, dass auch Petrus tatsächlich auf dem Wasser lief. Er vergisst Wind und Wellen, schaut auf Jesus und läuft einfach los. Es funktioniert tatsächlich! Petrus hat Jesus im Blick und läuft, ganz im Vertrauen auf seinen Herrn.

So können auch wir Dinge tun, die menschlich unmöglich erscheinen. In unserer Beziehung zu Jesus ist so manches Unmögliche möglich. Petrus glaubte Jesus einfach und handelte entsprechend.

Aber, wie im richtigen Leben, es tauchen immer irgendwelche Umstände auf, die uns zweifeln lassen und Angst machen. Plötzlich funktioniert es nicht mehr. So wie Petrus im See, sinken auch wir oft in unseren Umständen. Die Bibel sagt uns, als er den starken Wind sah, fürchtete er sich. Als er anfing zu sinken, schrie er und sprach: „Herr, rette mich!".

Überlege dir mal: Petrus vertraut auf Jesus, er läuft los und es funktioniert tatsächlich! Als er am Laufen ist, schaut er auf den Wind und die Wellen, also die Umstände.

Zweifel keimen auf und augenblicklich funktioniert nichts mehr. Er sinkt. Kennen wir das irgendwoher?

Nun tut er das einzig Richtige, er schreit ganz laut: „Herr, rette mich!". Genau das ist der Lebensstil, den wir brauchen. Wenn wir auf Jesus vertrauen, wird uns nahezu alles möglich sein.

Aber es ist wohl nicht ganz vermeidbar, dass wir uns durch Umstände verunsichern lassen und plötzlich geht nichts mehr. Das einfache Prinzip von Ursache und Wirkung! Es ist ein göttliches Prinzip und es wirkt, ob wir damit übereinstimmen oder nicht. All diese Verunsicherung macht aber nichts, denn wenn wir wieder auf Jesus schauen, nach ihm rufen, uns ganz in seine Hand begeben, dann ist er da, hört und rettet uns.

Genau das tut er hier bei Petrus. Der schreit und Jesus streckt ihm einfach seine Hand hin. Egal was dir passiert, wenn du zu Jesus rufst, von Herzen, dann ist er da. Er wird dich hören und retten, egal in welchem Schlamassel du gerade steckst.

Je intensiver du diesen Lebensstil lebst, desto mehr kannst du solche Dinge erleben. Gerade in aussichtslosen Situationen hat sich Jesus immer wieder im Leben Gläubiger bewiesen. Das kann ich aus eigener Erfahrung sagen und das haben auch viele andere aus ihrem Leben bestätigt.

Ich sehe es fast bildhaft vor Augen, wie Jesus ein verschmitztes Lächeln aufsetzt, Petrus bei der Hand fasst und wieder hochzieht. Und jetzt hör dir an, was Jesus sagt: „Kleingläubiger, warum zweifelst du?".

Genau das ist auch heute unser Problem. Irgendwie glauben wir schon und doch zieht uns aufsteigender Zweifel immer wieder aus der Spur.

Doch Jesus fordert uns auf: „Hey, du kannst mich beim Wort nehmen, glaube einfach meinen Worten".

Markus 11, ab Vers 22, da sagt Jesus:

Habt Glauben an Gott! Denn wahrlich, ich sage euch: Wenn jemand zu diesem Berg spricht: Hebe dich und wirf dich ins Meer!, und in seinem Herzen nicht zweifelt, sondern glaubt, dass das, was er sagt, geschieht, so wird ihm zuteilwerden, was immer er sagt.

Das ist ein total verschachteltes Deutsch, aber die Aussage ist klar. Dabei geht präzises Verständnis für den Vers bereits mit den ersten Worten dieses Verses los: *Habt Glauben an Gott.*

Im griechischen Urtext steht da wörtlich: „Habt Glauben Gott". Es gibt keine Präposition! Wie du nun den Satz interpretieren möchtest, das kannst du mit dir selbst ausmachen.

Es könnte heißen: „Habt Glauben *an* Gott" oder „Habt Glauben *wie* Gott", „... *für* Gott", „... *durch* Gott", wie auch immer.

Tatsache ist, Jesus spricht hier auf das feste Vertrauen zu Gott an. Dir werden Dinge möglich sein, die du nie für möglich gehalten hast. Aber er knüpft quasi Bedingungen daran. Zum Beispiel sagt er, dass du nicht zweifeln sollst in deinem Herzen, sondern glauben an das Wort, dass es geschieht. Was sagt Jesus weiter?

Vers 24

Alles, was ihr auch immer im Gebet erbittet, glaubt, dass ihr es empfangt, so wird es euch zuteilwerden!

Eine andere Bibelübersetzung trifft die Zeitform des Originaltextes besser:

„Alles, um was ihr auch betet und bittet, glaubt, dass ihr es empfangen *habt* und es wird euch werden".

Vergangenheitsform, es ist bereits geschehen!

In dem Augenblick, da du ein Gebet aussprichst, und zwar erstens, in festem Glauben und zweitens, in Übereinstimmung mit Gottes Willen, ist die Bitte in der geistlichen Welt bereits erfüllt! Du *hast* also bereits empfangen. Vergangenheit! Die Manifestation in unserer stofflichen Welt kann dabei allerdings manchmal auf sich warten lassen und eine echte Geduldsprobe werden.

Wie gesagt, Gott erhört Gebete, die mit seinem Wort übereinstimmen. Wenn du also jemandem die Pest an den Hals wünscht, dann wird Gott das mit Sicherheit nicht erhören. Aber wenn du Gott beim Wort nimmst, dann kannst du es gar nicht verhindern, dass er seinen Segen über dir auskippt. Allerdings: Ausmaß, Ort und Zeitpunkt bestimmt *er*, nicht du!

Jeden Zweifel auskehren und fest im Herzen glauben ist manchmal gar nicht einfach, aber es ist ein Lebensstil, den wir entwickeln können. Je öfter wir feststellen, dass es stimmt, was wir da lesen, desto konsequenter können wir es leben. Im Grunde brauchen wir uns nur an Jesus zu klammern.

Wenn du ins Licht schaust, wo ist dann der Schatten? - Hinter dir! Wenn du auf Jesus schaust, wo ist dann das Problem? - Ebenfalls hinter dir! Dabei solltest du aber tunlichst vermeiden, dich umzudrehen und zurückzuschauen. Denn sonst erblickst du wieder genau dein Problem, das Jesus doch bereits zur Weiterbearbeitung an sich genommen hat.

1. Petrus 5, 7:
Alle eure Sorge werft auf ihn; denn er sorgt für euch.

Was machen wir Christen? Gehorsam wie wir sind, tun wir genau das, wir werfen unsere Sorgen auf ihn. Dummerweise vergessen wir dabei meist, das angeheftete Gummiseil vorher zu entfernen. Kaum haben wir unsere Sorgen auf ihn geworfen, Schwupps, schnellen sie schon wieder zu uns zurück.

Die bekannte niederländische Christin des 20. Jahrhunderts, Corrie ten Boom, hat dasselbe anders beschrieben: „Wir werfen unsere Sorgen in einen großen See, an dem ein Riesenschild steht: ‚Fischen verboten'. Dort sollen sie bleiben. Leider sitzen allzu viele am Ufer mit der Angel und versuchen sie wieder herauszufischen".

Also schmeiß deine Sorgen auf den HERRN, aber lass sie dort. Auch das ist leicht gesagt, aber meist schwer umgesetzt. Wenn du es dennoch schaffst, dann garantiere ich dir, wirst du genau den Segen empfangen, den die Bibel dir verspricht. Sie ist voller Beispiele davon.

Matthäus 7, 7 - 8

Bittet, so wird euch gegeben; sucht, so werdet ihr finden; klopft an, so wird euch aufgetan! Denn jeder, der bittet, empfängt; und wer sucht, der findet; und wer anklopft, dem wird aufgetan.

Schau genau hin: „*Jeder*, der bittet, empfängt!". Da steht nicht *mancher* oder *manchmal* oder *gelegentlich*, da steht *jeder*!

Schon sind wir wieder bei der Zuversicht. Wenn du Gott bittest, dann wirst du es bekommen, das steht eindeutig in seinem Wort. Es versteht sich, dass dabei nur Dinge gemeint sind, die auch seinem Willen entsprechen. Gott handelt nicht gegen sich selbst! Wo findest du seinen Willen? In seinem Wort, also in der Bibel.

Auch der Jakobusbrief spricht klare Worte.

Jakobus 1, 6 - 8

Er bitte aber im Glauben und zweifle nicht; denn wer zweifelt, gleicht einer Meereswoge, die vom Wind getrieben und hin- und hergeworfen wird. Ein solcher Mensch denke nicht, dass er etwas von dem Herrn empfangen wird, ein Mann mit geteiltem Herzen, unbeständig in allen seinen Wegen.

Weiter unten schreibt er noch, Vers 22

Seid aber Täter des Wortes und nicht bloß Hörer, die sich selbst betrügen.

Das sind knallharte Worte, die Jakobus da äußert: Halte dich ans Wort und du wirst den Segen empfangen oder lass es bleiben und du empfängst keinen Segen. Das ist eine klare Aussage mit klarer Wirkung. Gott möchte, dass du dich innerhalb seines Segens bewegst. Im Grunde ist es recht einfach und dennoch schwer umzusetzen. Warum? - Weil wir oft extrem verschachtelt denken. Wir meinen nicht selten, Gott auf die Sprünge helfen zu müssen. Und schon haben wir unser Problem, das wir auf ihn geworfen haben, wieder zurück.

Eines sollte uns immer bewusst sein: *Er* kann mit unseren Problemen besser umgehen als wir selbst. Bring es vor ihn, vertrau auf ihn und lass ihn machen. Mehr will er von uns gar nicht. Du wirst erstaunt sein, wie Gott seine Versprechen hält. Aber denke daran, was Jakobus gesagt hat: *„Bitte im Glauben, ohne zu zweifeln."* Einfach Gott vertrauen und loslassen! Was sagt er weiter?

Wer zweifelt, gleicht einer Meereswoge, die vom Wind getrieben und hin- und hergeworfen wird.

Wie kann uns Gott helfen, wenn wir seine Hilfe zwar wollen, es im Grunde aber nicht zulassen? Gott hat uns nicht zu einem Roboter gemacht, sondern zu einem Menschen mit freiem Willen. Er reicht uns seine Hand, aber sie ergreifen und sich herausziehen lassen, das müssen wir schon selbst tun! Gott sagt uns wie es geht in klaren Worten, die wir in der Bibel finden. Aber wir müssen es halt tun! Das ist, was Jakobus meint, wenn er sagt: *„Seid aber Täter des Wortes und nicht bloß Hörer, die sich selbst betrügen."*

Kehren wir nochmals an den Anfang der Geschichte zurück: Jesus geht auf dem Wasser. Geh doch einfach mit! Dir ist alles möglich, wenn du nur auf ihn vertraust. Lass es zu, gehe hin zu ihm, rufe zu ihm! Und dann sei nicht verwundert, wenn er dir plötzlich antwortet.

Der biblische Glaube ist im Grunde völlig simpel, wir müssen es nur tun. Naja, so einfach ist es leider doch nicht. In dieser Hinsicht können uns kleine Kinder perfekte Vorbilder sein. Wenn der Vater etwas sagt, dann watschelt der kleine Mann ohne zu zögern los, weil er voll auf seinen Papa vertraut. Im Grunde brauchen wir es auch nicht anders machen: Vertraue auf Gott, schaue auf Jesus und du wirst Dinge erleben, die du nie für möglich gehalten hast. Jesus macht sie möglich. In diesem Sinne, lass es uns ausprobieren!

Wachsen am Kirschbaum Kirschen?

Da war dieser Drogenboss, der tot aufgefunden wurde, irgendwo in Lateinamerika. Das ist bereits etliche Jahre her. Er lag furchtbar entstellt da. Was für ein grausamer Tod! Diesem Drogenboss wurden weit über 200 Morde nachgesagt. Die Dunkelziffer lag weitaus höher. Wer ihm im Weg stand, den schaffte er beiseite, erbarmungslos. Schließlich hat ihn genau dasselbe Schicksal getroffen, das er vielen anderen zugefügt hatte. Er hatte Tod gesät und denselben auf brutalste Weise geerntet.

Was war mit diesem Drogenboss geschehen? Er hatte ein geistliches Gesetz aktiviert, das wir bereits in der Bibel nachlesen können.

Galater 6, 7b
Was der Mensch sät, das wird er auch ernten.

Dieses Gesetz von Saat und Ernte durchzieht unser ganzes Leben, jeden Tag. Wer es kennt und beherzigt, der kann sich viel Ärger ersparen. Also schauen wir uns diese Bibelstelle genauer an.

Galater 6, Vers 7 komplett
Irrt euch nicht: Gott lässt sich nicht spotten! Denn was der Mensch sät, das wird er auch ernten.

Es hört sich vielleicht hochtrabend an, aber was immer du tust, du kommst nicht an Gott vorbei und der lässt sich schlichtweg nicht verspotten.

Dieses Gesetz an sich kennt im Grunde jeder. Es ist bekannt als *Saat und Ernte* oder auch *Ursache und Wirkung*. Und trotzdem lassen wir es häufig außer Acht.

Stelle dir vor, du kämst aus dem hohen Norden, aus Schweden zum Beispiel. Deine ganze Familie ist blond und blauäugig und das, soweit du die Generationen zurückverfolgen kannst. Du heiratest einen Partner, ebenfalls von demselben Schlag, blond, blauäugig, und das ebenfalls seit Generationen. Endlich kommt euer langersehntes erstes Kind, aber das hat krauses, schwarzes Haar, schokoladenfarbige Haut und tiefbraune Augen. Dumm gelaufen, könnte man sagen. Die Wirkung ist deutlich zu sehen. Über die Ursache kannst du dir selbst Gedanken machen.

Anderes Beispiel. Mein Vater war begeisterter Hobbygärtner. Zwei große Kirschbäume zierten sein Grundstück. Sie trugen jedes Jahr ihre Früchte, einmal überreichlich und einmal spärlich, das wechselte von Jahr zu Jahr, aber eines hatten sie immer gemeinsam: Sie trugen Kirschen! Sie trugen keine Feigen, auch keine Erdbeeren, nein, es waren Kirschen.

Was soll der Blödsinn, wirst du jetzt fragen, es ist doch logisch, dass Kirschbäume Kirschen tragen, was denn sonst? - Ja, es ist logisch, denn auch hier wirkt dieses Gesetz von Saat und Ernte. Ein Kirschkern wurde gesät, daraus wuchs ein Kirschbaum und letztendlich kommen Kirschen in der Ernte als Frucht.

Doch dieses Prinzip wirkt nicht nur in der Landwirtschaft, es zeigt sich überall im Leben. Und dennoch missachten wir es ständig.

Jemand braust mit 130 Stundenkilometern über die Landstraße und wundert sich, dass sein Auto im Acker landet, als er in der steilen Rechtskurve die Spur nicht mehr halten kann.

Jemand rennt sechsmal pro Woche ins Fast-Food-Restaurant, stopft sich zwischen den Mahlzeiten mit Süßigkeiten voll und wundert sich, dass der Gürtel an seiner Hose nicht mehr ausreicht. Das alles sind Folgen des Prinzips von Ursache und Wirkung!

Wenn du Beziehungen nicht pflegst, dann gehen die ebenfalls den Bach runter. Warum ist die Welt genau da wo sie ist, in der Krise? - Weil dieses einfache Gesetz von Ursache und Wirkung weitgehend missachtet wird.

Die gute Nachricht: Das Ganze wirkt auch im Positiven! Wenn du Wahrheit säst, wirst du Wahrheit ernten. Wenn du anderen ein echter Freund bist, dann wirst auch du echte Freundschaften finden. Wenn du freundlich in den Wald hineinrufst, dann schallt es auch freundlich wieder heraus. Wenn du eine helfende Hand spendest, dann wirst du selbst helfende Hände bekommen, wenn du sie brauchst. Wenn du deine Geschäfte ehrlich und mit aufrichtigem Interesse an deinen Kunden abwickelst, dann werden dir die Kunden scharenweise nachlaufen.

Wie viele Menschen haben versucht, dieses Gesetz mit allen möglichen und unmöglichen Tricks zu umgehen. Im Einzelfall und kurzfristig mag das sogar funktionieren, aber dauerhaft geht kein Weg daran vorbei. Es ist ein gottgeschaffenes Naturgesetz. Nicht umsonst steht in der Bibel, direkt bevor es zitiert wird, dieser Satz: „Gott lässt sich nicht spotten."

Versuche es, du wirst immer den Kürzeren ziehen! Das ist einer der Gründe, warum wir so viel Schreckliches auf unserer Erde haben: Lug, Trug, Krankheit, Kriege, Katastrophen, Pandemien. Das sind Folgen einer kontinuierlichen Missachtung dieses simplen Gesetzes.

Nochmals zu seiner positiven Wirkung. Ein Schriftgelehrter fragt Jesus:

Matthäus 22, ab Vers 36

Meister, welches ist das größte Gebot im Gesetz? Und Jesus sprach zu ihm: „Du sollst den Herrn, deinen Gott, lieben mit deinem ganzen Herzen und mit deiner ganzen Seele und mit deinem ganzen Denken". Das ist das erste und größte Gebot. Und das zweite ist ihm vergleichbar: „Du sollst deinen Nächsten lieben wie dich selbst". An diesen zwei Geboten hängen das ganze Gesetz und die Propheten.

Da ist es schon wieder, dieses "Du sollst!". Gibt es denn nur Vorschriften in der Bibel? - Auf den ersten Blick wirkt es tatsächlich so. Doch im Grunde kannst du *dir selbst* überhaupt keinen größeren Gefallen tun.

Denn wenn du Gott liebst, wenn du deinen Mitmenschen liebst, dann wirst du ihm nur Gutes tun, weil du aufrichtig an seinem Wohl interessiert bist. Was passiert dann? Da brauchst du gar nicht lange darauf zu warten, dieses Gesetz von Saat und Ernte beginnt zu wirken. Der Segen, den du anderen gibst, der wird sich auch in deinem eigenen

Leben breit machen. Plötzlich werden sich dir Menschen zuwenden, die dich bisher vielleicht abgelehnt haben, und du stehst nicht mehr alleine da, wenn du selbst Hilfe brauchst.

Wenn du es bisher nötig hattest, dir immer und immer wieder neue Kunden zu suchen, so kannst du bald von einem festen Kundenstamm leben. Die bringen dir außerdem neue Kunden, weil sie dich auch noch weiterempfehlen.

Der große Kampf im Leben macht plötzlich Spaß, denn du bist aus dem Modus „Wer-überlistet-den-anderen?" in „Gemeinsam-sind-wir-stark!" umgestiegen.

Hast du schon einmal etwas von Win-Win-Situation gehört? Jeder Beteiligte gewinnt, jeder hat einen Vorteil dabei. Ist das nicht fantastisch? In der Welt hat sich nichts geändert, aber in dir drin hat ein Umdenken begonnen und das verändert deine Welt, und zwar massiv. Warum? Nur aus dem einen Grund, weil du ein paar einfache biblische Prinzipien bewusst beachtest.

Gott weiß schon, was gut für uns ist. Er will, dass es uns gut geht. Aber ob wir sein Wort beachten oder nicht, das bleibt voll und ganz uns selbst überlassen. Wir müssen halt mit den Auswirkungen leben und die Konsequenzen tragen. Ob wir davon Kenntnis haben oder nicht ist dabei unerheblich, das Gesetz wirkt immer.

Ich habe bis jetzt Äpfel vom Baum immer nur nach unten fallen sehen. Noch nie ist einer nach oben weggeflogen. Weiß der Apfel von dem Gesetz der Schwerkraft? - Nein! Er kann gar nicht anders, als ganz einfach nach unten zu fallen. Und genauso ist es mit all den anderen Gesetzen, die

Gott für uns geschaffen hat. Sie wirken einfach, ob sie dir bewusst sind oder nicht, ob du sie akzeptierst oder nicht! "Was du nicht willst, das man dir tu, das füg auch keinem andern zu". Das ist eine alte Volksweisheit. Sie hat ihren Sinn, denn auch sie geht auf das biblische Prinzip von Saat und Ernte zurück.

In der Bibel finden wir diese großen Glaubenshelden, die von Gott überreich gesegnet wurden. Warum eigentlich? - Weil sie Gott aufrichtig geliebt und – wie die Bibel sich ausdrückt – „wohlgefällig" vor ihm gelebt haben. Was ist dadurch passiert? - Sie haben damit, wahrscheinlich unbewusst, dieses Gesetz von Ursache und Wirkung positiv in Gang gesetzt. Gott ist seinem Wort absolut treu, immer! So konnte er sie uneingeschränkt segnen.

Und weißt du, diese Glaubenshelden haben dir nichts voraus. Wenn du dieses Gesetz in seinem Sinne anwendest, dann wird Gott auch dich segnen (müssen!). Das geht gar nicht anders! Es ist dasselbe Gesetz, das für diese biblischen Vorväter galt und für dich heute ebenfalls. Gott ist derselbe gestern, heute und in Ewigkeit. Er ändert sich nicht. Also hör auf Gott und du tust dir selbst im Grunde damit den größten Gefallen.

Diese gesegneten Glaubenshelden aus der Bibel haben uns noch etwas gezeigt: Auch bei ihnen hat dieses Gesetz *gegen* sie gewirkt, wenn sie es negativ anwendet haben. Das war bei ihnen auch nicht anders als bei uns heute. König David ist ein wunderbares Beispiel hierfür.

Was für ein Mann Gottes, vorbildhaft! Du kannst sein Leben in den Büchern Könige, Samuel und Chroniken nachlesen. Die Bibel räumt ihm viel Raum ein. Die Psalmen stammen weitgehend von ihm. Und doch musste auch er so manchen Schicksalsschlag einstecken, weil er gegen die Anweisungen Gottes gehandelt hat. Eines von mehreren Beispielen:

David war nicht gerade ein Frauenverächter. Die Schönheit der Frauen hat ihn immer wieder angezogen! - oder ausgezogen? Na, wir wollen uns nicht in Details verrennen, aber David war ein echter Schwerenöter, der durchaus auch unsaubere Tricks anwendete, um an eine dieser Schönen heranzukommen. Allerdings musste auch er mit den Konsequenzen seines Handelns leben.

2. Samuel 11, ab Vers 2

Und es geschah, als David zur Abendzeit von seinem Lager aufstand und auf dem Dach des königlichen Hauses umherwandelte, da sah er vom Dach aus eine Frau sich baden und die Frau war von sehr schönem Aussehen. Und David sandte hin und erkundigte sich nach der Frau, und man sprach: Ist das nicht Batseba, die Tochter Eliams, die Frau Urias, des Hetiters? Und David sandte Boten hin und ließ sie holen. Und sie kam zu ihm, und er lag bei ihr.

„... er lag bei ihr", wunderbar dezent ausgedrückt. Wir würden heutzutage wohl eher sagen, er hat sie flachgelegt. Sie war eine verheiratete Frau, deshalb können wir ganz sicher sagen, dass David hier absolut nicht nach Gottes Willen gehandelt hat. Übel war, dass die Frau auch noch schwanger wurde von David. Aber selbst das war noch nicht das Schlimmste, es kommt noch viel dicker:

David will diese Frau haben. Sie ist aber bereits verheiratet, also geht das nicht. Naja, eine Verheiratete kann er nicht haben, aber eine Witwe schon. Sein Heer befindet sich gerade im Krieg, also befiehlt David dem Oberbefehlshaber, dass der den Mann dieser Frau ganz vorne in eine Angriffsfront steckt. Dass der dort umkommt, war im Grunde vorprogrammiert. Gesagt, getan, Uria stirbt, die Frau trauert und als die Zeit der Trauer vorüber ist, holt David sie zu sich und heiratet sie. So kann man es natürlich auch machen!

Wie bereits erwähnt, die Frau war schwanger von ihm, also bekommen die beiden ziemlich bald ihren ersten Sohn.

"Irrt euch nicht, Gott lässt sich nicht spotten", diesen Spruch haben wir bereits gehört. Jetzt kommen wir auf das zu sprechen, was in der Bibel direkt hinter diesem Vers über Saat und Ernte steht, nämlich:

"Wer aber auf das Fleisch sät, der wird vom Fleisch Verderben ernten."

David hat auf sein Fleisch gesät. Er wollte das schöne Mädchen ganz für sich haben und das auch noch mit unsauberen Methoden. Nun muss er mit den Konsequenzen leben. Die lassen nicht lange auf sich warten. Gott schickt den Propheten Nathan zu David, mit folgender Botschaft:

2. Samuel 12, Verse 9 ff
Warum hast du denn das Wort des Herrn verachtet, indem du tatest, was vor seinen Augen böse ist? Uria, den Hetiter, hast du mit dem Schwert erschlagen, und seine Frau hast

*du dir zur Frau genommen; ihn aber hast du durch das
Schwert der Ammoniter umgebracht. Nun soll auch von deinem Haus das Schwert nicht weichen ewiglich, weil du
mich verachtet und die Frau Urias, des Hetiters, genommen
hast, dass sie deine Frau sei! So spricht der Herr: Siehe, ich
will aus deinem eigenen Haus Unglück über dich erwecken;
und ich will deine Frauen vor deinen Augen nehmen und sie
deinem Nächsten geben, dass er am helllichten Tag bei deinen Frauen liegt! Denn du hast es heimlich getan; ich aber
will diese Sache vor ganz Israel und am helllichten Tag tun!
Da sprach David zu Nathan: Ich habe gegen den HERRN
gesündigt! Nathan sprach zu David: So hat auch der HERR
deine Sünde hinweggenommen, du sollst nicht sterben!
Doch weil du den Feinden des Herrn durch diese Sache An-
lass zur Lästerung gegeben hast, so wird auch der Sohn,
der dir geboren wurde, gewisslich sterben!*

Es kommt für David knüppelhart. Er muss dasselbe ertra-
gen, was er selbst ausgefressen hat.
"*Gott lässt sich nicht spotten! … Wer aber auf das Fleisch
sät, der wird vom Fleisch Verderben ernten.*".
Genau das passiert König David jetzt. Zu dieser Zeit hatten
Männer in Israel oft mehrere Frauen, je nachdem, wie viele
sie sich leisten konnten. David hatte etliche.
Welche Botschaft lässt Gott ihm ausrichten: "*… ich will
deine Frauen vor deinen Augen nehmen und sie deinem
Nächsten geben, dass er am helllichten Tag bei deinen
Frauen liegt!*"
Das sollte ganz öffentlich geschehen. Was David im stillen
Kämmerchen gemacht hat, das widerfährt ihm jetzt öffent-

lich vor aller Welt. Aber nicht nur, dass seine Angetrauten jetzt ebenfalls fremd gehen, nein, David hat Tod gesät und auch den muss er jetzt ertragen. Nicht er selbst stirbt, das wäre viel zu einfach, er muss den Tod seines jüngst geborenen Sohnes erleben.

Wir sehen also, auch die großen Männer in der Bibel, die im Grunde nahe an Gott gelebt haben, hatten ebenfalls ihre Schwächen und mussten ohne Wenn und Aber die Auswirkungen ihres Handelns tragen. Genauso wie wir heute, wie jeder einzelne Mensch auf Erden.

Wir können die Gesetze Gottes nicht umschiffen, wir müssen – oder dürfen - damit leben. Tun wir Schlechtes, werden wir mittel- oder langfristig Schlechtes ernten, tun wir Gutes, dann werden wir die Ernte dieser guten Saat einfahren. Wir haben den freien Willen erhalten, entscheiden müssen - oder dürfen - wir selbst. Allerdings sollten wir hinterher nicht jammern: "Warum lässt Gott das zu?".

Es wäre fies, Gott den Schwarzen Peter zuzuschieben, wenn wir uns selbst gegen ihn und seinen Willen entschieden haben. Wir murren schließlich auch nicht, wenn wir Segen von ihm ernten, der durch genau dasselbe Gesetz bewirkt ist.

Schauen wir weiter, was Gott noch für uns in Petto hat. Dazu eine Frage an dich: Hättest du gerne, dass dir *alles* gelingt? Das hört sich doch gut an, oder? Dafür gibt es eine präzise Anleitung. Du kannst das haben! Die Bibel zeigt uns den Weg dahin:

Psalm 1, 1 - 3

Wohl dem, der nicht wandelt nach dem Rat der Gottlosen, noch tritt auf den Weg der Sünder, noch sitzt, wo die Spötter sitzen, sondern seine Lust hat am Gesetz des Herrn und über sein Gesetz nachsinnt Tag und Nacht. Der ist wie ein Baum, gepflanzt an Wasserbächen, der seine Frucht bringt zu seiner Zeit, und seine Blätter verwelken nicht, und alles, was er tut, gerät wohl.

„Alles was er tut, gerät wohl!" Andere Übersetzungen schreiben hier auch: „... alles was er tut, gelingt ihm". Alleine über diese drei Verse könnten wir ganze Predigten schreiben. Sind sie nicht genial? Sie beginnen mit: "Wohl dem, der ..." und enden mit "... alles was er tut, gelingt ihm". Toll, oder? Das ist eine Anleitung zum erfüllten Leben. Du brauchst eigentlich nur drei Dinge, damit du das haben kannst.

Erstens, folge nicht dem Rat der Gottlosen, also der Ungläubigen! - Was rät dir ein Gottloser zum Beispiel? Naja, wenn du dem Finanzamt mal ein paar falsche Belege unterjubelst, dann ist das doch nicht weiter tragisch. Die schröpfen dich ja auch.

Aber welche Konsequenzen zieht das nach sich? - Vordergründig: Du sparst im Moment ein paar Euro Steuern! Dauerhaft: Wenn das Gesetz von Saat und Ernte zu wirken beginnt, dann wird dir mit der Zeit dein Geld anderweitig nur so durch die Finger rieseln und dir bleibt unterm Strich nicht mehr allzu viel übrig. Bleibst du ehrlich, dann sparst du diese Steuern nicht ein, aber es wird sich ein Segen anderweitig bei dir einstellen und du machst die paar Kröten nicht eingesparter Steuern um ein Vielfaches wieder wett.

Was rät der Gottlose noch? - Schau mal, die Schöne da drüben ist scharf auf dich. Die wirst du doch nicht von der Bettkante stoßen! Sie hat einen Mann, der sie wirklich liebt, aber der muss das doch nicht erfahren.

Wie viele Ehen gehen wegen so eines Verhaltens jedes Jahr allein in der fünften Jahreszeit, im Karneval, kaputt? *„Wer auf das Fleisch sät, der wird vom Fleisch Verderben ernten".* Das alles hat überhaupt nichts mit Moralapostel spielen zu tun. Du bist eigentlich schön blöd, wenn du solche Dinge tust, denn du zerstörst auf diese Weise dein eigenes Leben und das anderer gleich mit!

Was sagt Psalm 1 noch, damit uns alles gelingt?

Zweitens: nicht den Weg der Sünder betreten. Das sagt im Grunde dasselbe aus, nur anders verpackt. Da geht es nicht darum, dass dich jemand dazu anstiftet, sondern dass du Sünde überhaupt tust. Halte dich fern von Dingen, die schlicht und ergreifend falsch sind und auf „schlechte" Wege führen. Auch nicht „nur einmal" oder „bloß vorübergehend".

Drittens: „... *nicht sitzt, wo die Spötter sitzen".* Umgibst du dich mit Spöttern, dann wirst du ganz schnell selbst einer. Einer fängt an und wie schnell lassen wir uns davon mitreißen!? Wir treffen immer wieder auf Menschen, die es sich zum Lebensstil gemacht haben, ständig über andere zu lästern.

„Lästern ist doch schön", hat eine ehemalige Arbeitskollegin mit einem selbstgefälligen Grinsen geantwortet, als ich sie auf ihr, man könnte fast sagen „Hobby", angesprochen habe.

Sie sind selbst alles andere als perfekt, machen aber zynische Bemerkungen über alles und jeden.

Solche Menschen sollten wir meiden, damit wir nicht versucht werden, ins gleiche Horn zu stoßen. Wir sollten immer daran denken, dass unsere Macken auch nicht geringer sind als die desjenigen, über den wir spotten. Außerdem tun wir uns damit ohnehin nichts Gutes. Es kommt alles wieder auf uns zurück, das hatten wir schon: Gesetz von Saat und Ernte! Sprichst du dagegen gut über dein Gegenüber, dann kommt auch das wieder zurück zu dir. Du kannst selbst entscheiden!

Wenn du es schaffst, wirklich so zu leben, dann vergleicht dich Psalm 1 mit einem Baum, der immer genügend Wasser hat, auch in dürrer Zeit. Dann wirst du immer reichlich Früchte tragen. Saat und Ernte, ein toller Vergleich!

Gott hat dieses Gesetz bereits durch Mose dem Volk Israel zugerufen, zusammen mit einer inständigen Bitte, aus der wir seine innige Liebe zu seinem Volk herauslesen können.

5. Mose 30, 19
Ich nehme heute Himmel und Erde gegen euch zu Zeugen: Ich habe euch Leben und Tod, Segen und Fluch vorgelegt; so erwähle nun das Leben, damit du lebst, du und dein Same.

Die Bibel ist ein überaus praktisches Buch. Sie ist im Grunde das Handbuch des Lebens. Wenn du dich mit ihr auseinandersetzt und danach lebst, dann wirst du dir zum einen eine Menge Ärger ersparen, zum anderen lebt es sich leichter und glücklicher. Sie ist nicht ein "Du-sollst-", sondern ein "Es-geht-auch-einfacher"-Buch. Welchen Weg du letztendlich einschlägst, das bleibt dir überlassen und du selbst entscheidest.

Mache dir dein Leben doch einfacher. Sei in dieser Hinsicht durchaus egoistisch und wähle das Gute, damit es auch dir selbst gut geht. Lass das Gesetz von Ursache und Wirkung *für* dich arbeiten. Es wirkt immer, denn es ist ein „Natur"-Gesetz, das Gott uns gegeben hat. Jesus hat es uns erklärt und auch selbst vorgelebt.

Irren Irrglauben glauben
(oder lieber nicht)

Der eine glaubt an Allah, der andere an Gott den Vater Jesu Christi. Der Nächste glaubt, dass ein Pfund Rindfleisch eine gute Suppe gibt. Andere wiederum sagen: „Was ich nicht sehe, das glaube ich nicht". Dann gibt es Leute, die beschwören Totengeister oder lassen sich die Zukunft aus der Hand lesen. Jeder glaubt an etwas anderes.

Wer von all diesen Personen hat nun recht? Du, ich, Professor Müller, Frau Meier? Wer? Auch der Atheist glaubt an etwas. Er glaubt, dass es nichts außerhalb unserer stofflichen Welt gibt. Interessant ist, dass dieser Glaube, der reine Atheismus, total in der Minderheit ist und das, obwohl Atheisten in zunehmendem Maße militant auftreten. An irgendetwas glauben die Meisten: Übersinnliches, Geister, eine Göttlichkeit, einen persönlichen Gott, an Energien oder Chakren.

Interessant ist auch die Vielfalt innerhalb dieser einzelnen Glaubensbewegungen. Sprich mit Muslimen und du wirst viel Verschiedenes hören, sprich mit Christen, auch da findest du totale Unterschiedlichkeiten. Das zieht sich natürlich auch durch alle anderen Bereiche. Wieder diese Frage: Wer von all diesen Menschen hat nun recht?

Um das zu beantworten, müssen wir erst einmal untersuchen, warum selbst gleichartige Glaubensrichtungen so unterschiedlich gelebt werden.

Ich habe Muslime bitterböse miteinander streiten sehen, weil sie unterschiedliche Meinungen über ihren Glauben hatten. Wenn ich als Christ mit anderen Christen spreche, dann stelle ich ebenfalls sehr oft enorm differenzierte Standpunkte fest. Wo kommt das her?

Die Antwort findest du im Menschen selbst. Der neigt nämlich dazu, sich seinen Gott selbst schnitzen zu wollen, frei nach dem Motto: Ich glaube zwar an Gott, an einen Gott, an irgendetwas, aber er muss irgendwie in mein Leben hineinpassen. Tut er das nicht, dann muss ich ihn halt entsprechend anpassen. Dann wird hier ein bisschen weggenommen, dort ein bisschen hinzugefügt, ein bisschen gehobelt und gefeilt und letztendlich habe ich Gott so angepasst, dass er exakt in mein Schema wunschgemäß hineinpasst! Ist doch praktisch, oder?

Das ist der Grund, warum wir so eine Vielfalt haben, erstens, an verschiedenen Glauben und zweitens, an so vielen Unterschiedlichkeiten innerhalb der Glaubensrichtungen. Im Grunde glaubt jeder so, wie es ihm gerade in den eigenen Kram passt. Diese Haltung ist auch der Grund für die vielen sogenannten liberalen Menschen, die sich für besonders tolerant ausgeben und im Grunde alles zulassen, jedem nach seiner Façon: Meine Religion ist genauso gut wie deine. Dabei ist es unerheblich, ob du Christ bist, Buddhist, Muslim, Hinduist oder was auch immer. Gott drückt sich durch Vielfältigkeit aus, meinen sie! Auf welchem Weg jemand zu Gott kommt ist doch egal, Hauptsache, er ist überhaupt auf einem Weg.

Genau diese Haltung wollen wir in diesem Kapitel näher beleuchten. Der gewagte Titel dieses Kapitels lautet

„Irrglaube". Aber wer bestimmt denn, was Irrglaube ist? Können wir das objektiv sagen? Wir haben vorhin festgestellt, dass die meisten, die irgendetwas glauben, sich ihren Gott häufig so stricken, wie sie ihn für sich persönlich haben wollen. Wir passen Gott an unser Leben an! Das ist schon der erste fatale Irrtum, den wir begehen können.

Paulus vergleicht Gott im Römerbrief mit einem Töpfer und uns Menschen mit dem Ton, aus dem der Töpfer seine Gefäße gestaltet. Der Vergleich ist gar nicht schlecht, denn Gott hat uns geschaffen, „nach seinem Bilde", heißt es im ersten Buch Mose. Aber *er* hat *uns* geschaffen und nicht umgekehrt. Also gestaltet Gott *uns* wie *er* will, nicht *wir* ihn, wie *wir ihn* haben wollen.

Römer 9, 20 - 21

Ja, o Mensch, wer bist denn du, dass du mit Gott rechten willst? Spricht auch das Gebilde zu dem, der es geformt hat: Warum hast du mich so gemacht? Oder hat nicht der Töpfer Macht über den Ton, aus derselben Masse das eine Gefäß zur Ehre, das andere zur Unehre zu machen?

Also meines Wissens hat noch kein Töpfer jemals den Ton gefragt, was der werden will. Der Töpfer nimmt den Ton und macht daraus eine Kanne, eine Schüssel, einen Kerzenhalter oder was auch immer. Aber *er* bestimmt, was daraus wird. Gott hat uns geschaffen und somit aus jedem einzelnen das gemacht, was *er* für ihn vorgesehen hat. Demnach liegt es nicht an dir, Gott in *dein* Leben zu integrieren, so wie *du* vielleicht meinst, *ihn* brauchen zu können.

Bist du liberal, dann lässt Gott – so meinst du – eben alles zu. Lebst du extrem nach irgendwelchen Vorschriften, dann kommt von Gott ein Gesetz nach dem anderen, das er dir hinwirft. Und dein Nachbar, der das nicht befolgt, ist sowieso ein Abtrünniger.

Nein, Gott bestimmt die Regeln und nicht du, ob du damit einverstanden bist oder nicht! Natürlich kannst du die Augen nach der Vogel-Strauß-Mentalität zumachen. Ich stecke den Kopf in den Sand und sehe und höre nichts. Dann brauche ich mich auch nicht anzupassen. Leider funktioniert das nicht! Du kannst nichts gegen Gott ausrichten, aber auch gar nichts. Das ist auch gar nicht nötig, denn er will sowieso nur das Beste für dich. Außerdem weiß er ganz genau, was das Beste für dich ist, du oft nicht!

Ein Kind kann zwanzig Mal in das tiefe Schwimmbecken springen wollen, weil die anderen es ja auch machen. Wenn es nicht schwimmen kann, dann wird sein Vater das nicht zulassen. Dabei ist es völlig egal, ob das Kind es einsehen will oder nicht.

Du kannst immer wieder mit dem Kopf an die Wand rennen, wenn da eine Mauer ist, dann knallt es laut, aber du kommst da eben nicht durch. Leider sehen wir die Mauern in unserem Leben oft nicht. Gott sieht sie!

Es liegt an dir, dein Leben *an Gott* anzupassen, nicht umgekehrt. *Er* bestimmt die Spielregeln – zu deinem Besten, aber *er* bestimmt sie. Da kommst du nicht darum herum, ob es dir gefällt oder nicht. Wir können uns Gott nicht gestalten, wie wir ihn haben wollen. Also nützt es uns auch nichts, über Gott zu diskutieren: du hüh, ich hott.

Gott hat uns sein Wort gegeben, die Bibel, da steht alles drin, ohne Wenn und Aber. Jemand hat sie als Handbuch des Lebens bezeichnet. Die Bibel ist der Ärzteratgeber für zu Hause, sie ist der Hausjurist, sie ist ein Management-Handbuch, sie ist ein Eheratgeber, Erziehungsbuch, et cetera. Es gibt keinen Lebensbereich, den sie auslässt. Wenn du dich danach richtest, dann lebst du perfekt im Einklang mit Gott und dein Leben funktioniert, auch wenn du es nicht immer gleich als solches erkennst.

Es ist völlig egal, ob jemand katholisch ist, orthodox, evangelisch, Baptist oder was auch immer, wenn er den Anspruch erhebt, Christ zu sein, dann gilt für ihn das Wort der Bibel. Nicht umsonst kommt das Wort „Christ" von „Christus", also der Mann, um den es in der Bibel geht.

Ob jemand recht hat oder nicht, das bestimme nicht ich, auch nicht du, egal in welcher Position du dich befindest, es muss schlichtweg mit dem Wort der Bibel übereinstimmen! Im Grunde ist es recht simpel. Dazu müssen wir allerdings die Bibel kennen, sonst geht das nicht, aber die können wir lesen und studieren. Das Schöne dabei ist, sie wird nie langweilig, egal wie oft du sie liest. Du findest immer wieder Neues darin.

Die Bibel selbst warnt uns davor, jeden Unsinn zu glauben. Wir sollen prüfen! Der Weg, echten Glauben von Irrglauben zu unterscheiden wird jetzt immer präziser:

1. Johannesbrief 4, 1

Glaubt nicht jedem Geist, sondern prüft die Geister, ob sie aus Gott sind! Denn es sind viele falsche Propheten in die Welt ausgegangen.

Wir werden eindeutig darauf hingewiesen, dass viele falsche Lehren unterwegs sind. Nicht ein oder zwei, nein viele! Deshalb sollen wir prüfen, das ist ganz wichtig. Prüfe auch das, was du hier liest! Du musst nicht blind glauben. Wenn wir prüfen sollen, dann müssen wir wissen, wie das geht:

Verse 2 - 3

Daran erkennt ihr den Geist Gottes: Jeder Geist, der bekennt, dass Jesus Christus im Fleisch gekommen ist, der ist aus Gott; und jeder Geist, der nicht bekennt, dass Jesus Christus im Fleisch gekommen ist, der ist nicht aus Gott. Und das ist der Geist des Antichristen, von dem ihr gehört habt, dass er kommt; und jetzt schon ist er in der Welt.

Demnach ist es recht einfach: Jesus ist die Messlatte. Gott hat seinen Sohn Jesus in diese Welt geschickt, damit er unsere Sünde stellvertretend für uns trägt. Er hat uns damit vom Tod ins ewige Leben geholt. Die Zusammenhänge, wie so etwas möglich war, kannst du in meinem Buch *Weiß wie Blut* nachlesen.

Johannes 3, 16

Denn so sehr hat Gott die Welt geliebt, dass er seinen eingeborenen Sohn gab, damit jeder, der an ihn glaubt, nicht verlorengeht, sondern ewiges Leben hat.

Auch das ist nicht blinder Glaube, sondern ganz klar aus der Bibel nachvollziehbar. Wenn wir Jesus als Messlatte hernehmen, dann können wir sehr schnell und präzise Glaube von Irrglauben unterscheiden. In dem Vers oben heißt es sogar:

1. Johannesbrief 4, 3

Jeder Geist, der nicht bekennt, dass Jesus Christus im Fleisch gekommen ist, der ist nicht aus Gott. Und das ist der Geist des Antichristen, von dem ihr gehört habt, dass er kommt; und jetzt schon ist er in der Welt.

Wie viel Antichristliches wird in unserer Welt gelehrt? Das ist überhaupt nicht zählbar. Der Geist des Antichristen wirkt deutlich sichtbar in unserer Welt.

Fassen wir kurz zusammen: Die Bibel fordert uns auf zu prüfen, denn es sind viele falsche Propheten unterwegs. Wir könnten auch sagen, es wird viel Irrglaube verbreitet. Also prüfen wir! Woran erkennen wir das Richtige? Wer Jesus als Sohn Gottes bekennt, der ist laut dem ersten Johannesbrief auf dem richtigen Dampfer und wer ihn verleugnet auf dem falschen.

Damit ist ganz klar die Aussage derer widerlegt, die sagen, dass jeder *irgendwie* zu Gott finden kann, egal welchen

Weg er einschlägt. Das funktioniert absolut nicht. Wir kommen um Jesus nicht herum!

Das ist auch logisch nachvollziehbar: Da schickt Gott seinen Sohn – Jesus – in die Welt, damit der für uns am Kreuz stirbt und durch dieses Opfer unsere Sünde stellvertretend für uns auf sich nimmt. Für uns ist dadurch der direkte Weg zu Gott frei. Auf diese Weise sind wir Kinder Gottes geworden, seine Erben, und haben direkten Zugang in den Himmel.

Wenn wir nun verschiedene Wege zu Gott einschlagen könnten, dann könnte ich auch durch Meditation, durch das Rad der Wiedergeburt zu Gott kommen, dann könnte ich auch durch radikales Befolgen von sogenannten göttlichen Gesetzen zu ihm kommen. Dann gäbe es noch viele weitere Möglichkeiten!

Mal ganz ehrlich, was für einen brutalen Gott hätten wir, wenn wir wirklich aus so vielen unterschiedlichen Möglichkeiten wählen könnten, um zu ihm zu kommen!?

Da macht Gott nochmals einen neuen Weg auf, lässt Jesus jämmerlich am Kreuz verrecken für unsere Sünden, obwohl es bereits etliche unblutige Wege gibt? Wenn dem so wäre, dann könnte ich nicht mehr von dem liebenden Gott sprechen, dann wäre er für mich ein Monster. Nun schreibt die Bibel aber:

Johannes 3, 16
Denn so sehr hat Gott die Welt geliebt, dass er seinen eingeborenen Sohn gab, damit jeder, der an ihn glaubt, nicht verlorengeht, sondern ewiges Leben hat.

Wenn Gott uns so sehr liebt, dass er solch ein Opfer auf sich nimmt, dann wird schnell klar, dass es keinerlei Alternative dazu geben kann! Wer die Zusammenhänge im Alten Testament kennt und mit den Geschehnissen bei Jesus verknüpft, dem wird schnell klar, dass es nur auf diese eine Weise geschehen konnte. Jesus selbst hat gesagt:

Johannes 14, 6
Ich bin der Weg und die Wahrheit und das Leben; niemand kommt zum Vater als nur durch mich.

„Als *nur* durch *mich*"! Da steht nicht: „... ich bin *auch* ein Weg"! Jesus hat ganz deutlich gesagt: „... niemand kommt zum Vater (also Gott) als *nur* durch mich. Das schließt unterschiedliche Wege ganz klar aus. An anderer Stelle sagt er:

Johannes 10, 7 - 9
Wahrlich, wahrlich, ich sage euch: Ich bin die Tür für die Schafe. Alle, die vor mir kamen, sind Diebe und Räuber; aber die Schafe hörten nicht auf sie. Ich bin die Tür. Wenn jemand durch mich hineingeht, wird er gerettet werden und wird ein- und ausgehen und Weide finden.

Wieder dieser Anspruch, dass Jesus der einzige Weg ist! Wie gesagt, für mich wäre Gott ein blutrünstiges Monster, wenn Jesus nicht der einzige Weg wäre.
Was davon wir annehmen oder nicht, das muss jeder mit sich selbst abmachen. Ich halte mich an den 1. Johannes-

brief 4 und prüfe was ich annehme oder ablehne. Ich prüfe anhand der Bibel, auch innerhalb des christlichen Glaubens! Auch hier prüfe ich: Wenn ein gläubiger Christ mir irgendwelche Erkenntnisse mitteilt, dann gibt es genau zwei Möglichkeiten:

Seine Worte stimmen mit der Bibel überein, dann kann ich es annehmen, oder es passt eben nicht oder steht aus meiner Sicht vielleicht sogar im Widerspruch dazu. Dann werde ich es nicht annehmen.

Auf diese Weise unterscheide ich völlig klar zwischen Glauben und Irrglauben und das nicht aus mir selbst heraus, sondern anhand der Heiligen Schrift. Sehr einfach!

Gott mischt sich da nicht ein. Er hat uns den freien Willen gegeben und damit können wir uns *für*, aber auch *gegen* ihn frei entscheiden. Aber wir müssen natürlich mit den Konsequenzen leben. Gott hat uns das Handwerkszeug gegeben, dass wir nach seinen Spielregeln leben können. Jeder von uns hat die Möglichkeit in der Bibel zu lesen. Wir finden fast überall in der Welt Christen, die Fragen dazu kompetent beantworten können. Wer also will, der kann nach Gottes Willen leben. Ausreden zählen nicht mehr. Wir können uns frei für oder gegen ihn entscheiden, müssen aber auch mit den Folgen klarkommen!

Nochmals Galaterbrief 6, 7-8

Irrt euch nicht: Gott lässt sich nicht spotten! Denn was der Mensch sät, das wird er auch ernten. Denn wer auf sein Fleisch sät, der wird vom Fleisch Verderben ernten; wer aber auf den Geist sät, der wird vom Geist ewiges Leben ernten.

Gott will für dich nur das Beste, aber er zwingt dich nicht dazu. Wir haben alle die Möglichkeit, auf ihn zu hören oder eben nicht. Tun wir's nicht, dann werden wir Verderben ernten, tun wir's, dann verspricht Gott uns ewiges Leben in seiner Herrlichkeit. Es ist das Prinzip von Saat und Ernte. Die Entscheidung liegt bei uns selbst!

Wir wären dumm, so ein Geschenk auszuschlagen. In Jesus Christus ist alles bereits erledigt. Wir brauchen nichts selbst zu machen, nur annehmen. Mehr nicht!

Viele denken, Christsein ist ja sooo langweilig und du musst, du musst, du musst! Nein, du musst überhaupt nichts, du darfst, du kannst und du hast eine Menge an Privilegien. Wenn dir ein Christ vorgaukelt, was du als Christ alles *nicht* darfst, dann schlage ihm vor, er möge seine Bibel einmal gründlich lesen.

Galater 5, 1
So steht nun fest in der Freiheit, zu der uns Christus befreit hat, ...

Da steht nicht: „Er hat dich eingeengt und verbietet dir alles".

1. Korinther 6, 12
Alles ist mir erlaubt - aber nicht alles ist nützlich! Alles ist mir erlaubt - aber ich will mich von nichts beherrschen lassen!

Weiter hinten sagt Paulus:

1. Korinther 10, 23
Es ist mir alles erlaubt – aber es ist nicht alles ist nützlich!
Es ist mir alles erlaubt - aber es erbaut nicht alles.

Du darfst also (fast) alles, es stellt sich nur die Frage, ob es sinnvoll ist! Und, wie bereits erwähnt, wir müssen halt mit den Konsequenzen leben.
Eine wichtige Info habe ich noch zum Thema Irrlehre.

Kolosser 2, 8 - 10 (HFA)
Passt auf, dass ihr nicht auf Weltanschauungen und Hirngespinste hereinfallt. All das haben doch Menschen ausgedacht; aber hinter ihren Gedanken stehen dunkle Mächte und nicht Christus. Nur in Christus ist Gott wirklich zu finden, denn in ihm lebt er in seiner ganzen Fülle. Deshalb lebt Gott auch in euch, wenn ihr mit Christus verbunden seid. Er ist Herr über alle Mächte und Gewalten.

Du kannst im Grunde machen was du willst, aber die Bibel warnt uns davor, uns von irgendwelchen spekulativen *Weltanschauungen und Hirngespinsten* einlullen zu lassen. Ohne Christus sind wir auf dem Holzweg. Das steht hier auch noch einmal.
Wir werden mit so vielen Dingen jeden Tag zugemüllt. In der Zeitung steht viel Sinnvolles, aber leider auch viel Mist. Im Fernsehen kommt Gutes, aber leider auch massenhaft Schwachsinn. Das Radio dröhnt dich den ganzen Tag zu.

Ziehe dir aus all dem heraus was gut ist und lass den restlichen Blödsinn nicht an dich heran.

Kommt eine Comedy, die du gerne sehen willst, dann genieße sie, mache sie aber nicht zu deinem Lebensinhalt. Spielt dein Fußballverein? Dann sieh ihn dir an, aber mache ihn nicht zu deinem Götzen.

Alles ist mir erlaubt - aber nicht alles ist nützlich! Alles ist mir erlaubt - aber ich will mich von nichts beherrschen lassen!

Genieße dein Leben, aber lasse dabei Jesus die Nummer eins sein. Dann wirst du *jetzt* ein erfülltes und nach deinem körperlichen Tod ewiges Leben bei Gott haben. Was willst du mehr? Du selbst entscheidest!

Wenn jemand nicht
von Neuem geboren wird

Glaubst du an die körperliche Wiedergeburt? Ich glaubte jahrelang daran. Sie war das Zentrum, um das sich der Rest meines damaligen Glaubens drehte. Ohne das Rad der Wiedergeburt brach für mich jegliche geistliche Vorstellung in sich zusammen, war jeder Glaube unsinnig und absurd.

In diesem Stadium stieß ich auf eine Christin, Esther, auch sie sprach von Wiedergeburt. Das war für mich ein gefundenes Fressen!

„Aha, auch die Christen glauben daran", meinte ich begeistert.

Doch Esther entgegnete: „Nee, nee, nix Rad der Wiedergeburt und immer wieder auf die Welt kommen müssen bis dein Karma endlich überwunden ist. Die christliche ist eine Wiedergeburt vom Heiligen Geist her!"

Ich: „Hä??"

Nun, genau diese Wiedergeburt wollen wir in diesem Kapitel näher beleuchten.

Johannes 3, 1 – 18

Es war aber ein Mensch unter den Pharisäern namens Ni-kodemus, ein Oberster der Juden. Der Mann kam bei Nacht zu Jesus und sprach zu ihm: Rabbi, wir wissen, dass du ein Lehrer bist, der von Gott gekommen ist; denn niemand kann diese Zeichen tun, die du tust, es sei denn, dass Gott mit ihm ist.

Jesus antwortete und sprach zu ihm: Wahrlich, wahrlich, ich sage dir: Wenn jemand nicht von Neuem geboren wird, so kann er das Reich Gottes nicht sehen!

Nikodemus spricht zu ihm: Wie kann ein Mensch geboren werden, wenn er alt ist? Er kann doch nicht zum zweiten Mal in den Schoß seiner Mutter eingehen und geboren werden?

Jesus antwortete: Wahrlich, wahrlich, ich sage dir: Wenn jemand nicht aus Wasser und aus Geist geboren wird, so kann er nicht in das Reich Gottes eingehen! Was aus dem Fleisch geboren ist, das ist Fleisch, und was aus Geist geboren ist, das ist Geist. Wundere dich nicht, dass ich dir gesagt habe: Ihr müsst von Neuem geboren werden! Der Wind weht, wo er will, und du hörst sein Sausen; aber du weißt nicht, woher er kommt und wohin er geht. So ist jeder, der aus dem Geist geboren ist.

Nikodemus antwortete und sprach zu ihm: Wie kann das geschehen?

Jesus erwiderte und sprach zu ihm: Du bist der Lehrer Israels und verstehst das nicht? Wahrlich, wahrlich, ich sage dir: Wir reden, was wir wissen, und wir bezeugen, was wir gesehen haben; und doch nehmt ihr unser Zeugnis nicht an. Glaubt ihr nicht, wenn ich euch von irischen Dingen sage, wie werdet ihr glauben, wenn ich euch von den himmlischen Dingen sagen werde? Und niemand ist hinaufgestiegen in den Himmel, außer dem, der aus dem Himmel herabgestiegen ist, dem Sohn des Menschen, der im Himmel ist.

Und wie Mose in der Wüste die Schlange erhöhte, so muss der Sohn des Menschen erhöht werden, damit jeder, der an ihn glaubt, nicht verlorengeht, sondern ewiges Leben hat.

Denn Gott hat seinen Sohn nicht in die Welt gesandt, damit er die Welt richte, sondern damit die Welt durch ihn gerettet werde. Wer an ihn glaubt, der wird nicht gerichtet; wer aber nicht glaubt, der ist schon gerichtet, weil er nicht an den Namen des eingeborenen Sohnes Gottes geglaubt hat.

Johannes 3. In diesem Kapitel wollen wir uns jetzt ein bisschen festbeißen.

Vers 1
Es war aber ein Mensch unter den Pharisäern namens Nikodemus, ein Oberster der Juden.

Die Pharisäer waren zur Zeit Jesu *die* Schriftgelehrten überhaupt. Sie kannten sich in den Schriften aus, sie hielten das jüdische Gesetz perfekt – zumindest nach außen hin. Was sie sagten, das hatte beim jüdischen Volk Gewicht.

Die Pharisäer waren es aber auch, die am meisten gegen Jesus intrigierten, denn seine Lehre brachte plötzlich Freiheit. Diese augenscheinliche Gesetzlichkeit der Schriftgelehrten und Pharisäer warf Jesus über den Haufen.

Gott war bei ihm nicht mehr der ferne, zornige Gott, den wir durch Gutes tun beschwichtigen müssten, nein, Jesus brachte uns Gott als den liebenden Vater näher.

Auch heutzutage lernen wir in vielen Kirchen leider noch allzu oft, dass wir nur dann in den Himmel kommen, wenn wir Gutes tun und einen perfekten Lebenswandel führen.

Dem ist aber absolut nicht so. Wenn dein Herz nicht passt, dann kannst du nach außen hin noch so toll leben, es wird dir überhaupt nichts bringen.

Gott hat uns Jesus als Sühneopfer für unsere Sünden gegeben. Gehen wir im Glauben zu ihm, dann bekommen wir den Himmel ohne Wenn und Aber geschenkt! Der „gute Lebenswandel" wird dann eine automatische Folge daraus sein. Du brauchst ihn also gar nicht zu erzwingen. Er kommt mehr oder weniger von selbst. Da führt dich Gott schon hin.

Zurück zu Nikodemus. Er war einer dieser honorigen Pharisäer.

Vers 2
Der Mann kam bei Nacht zu Jesus.

Er nutzte das Dunkel der Nacht, um von anderen nicht gesehen zu werden. Die Elberfelder Übersetzung formuliert diesen Vers: *Mitten in der Nacht kam er heimlich zu Jesus.*

Niemand sollte sehen, dass er sich bei Jesus Rat holt. Das würde einen riesigen Ansehensverlust für ihn als Pharisäer nach sich ziehen.

"*Rabbi*", sagte er. "*Wir wissen, dass du ein Lehrer bist, der von Gott gekommen ist; denn niemand kann diese Zeichen tun, die du tust, es sei denn, dass Gott mit ihm ist.*"

Was für ein Satz! Er bestätigt das heutige lebendige Christentum und wirft alles gesetzlich Christliche über den Haufen, das uns weiß machen will, dass wir nur arme Würstchen vor Gott sind.

Nikodemus bestätigt hier, dass Jesus nicht irgendein Lehrer ist, sondern von Gott gekommen. Er bestätigt ebenfalls, dass Jesus Wunder tut, die völlig außerhalb der Norm sind. Aber er erklärt auch zwischen den Zeilen, dass ebenfalls andere Menschen dazu in der Lage sein können:

"... niemand kann diese Zeichen tun, die du tust, es sei denn, dass Gott mit ihm ist."

Elberfelder Übersetzung: *„Niemand kann die Wunder tun, die du vollbringst, wenn Gott ihn nicht dazu befähigt."*

Umkehrschluss: Wenn Gott jemanden dazu befähigt, dann kann er auch die Wunder tun, die Jesus getan hat.

Alles schön und gut, aber wen befähigt er dazu? Vielleicht die Heiligen, die irgendwo in Stein gemeißelt in den Kirchen herumstehen!? Weit gefehlt! Jesus hat uns ganz klar gesagt, wer befähigt ist. Das steht ebenfalls im Johannesevangelium:

Johannes 14, 12
Wer an mich glaubt, der wird die Werke auch tun, die ich tue, und wird größere als diese tun, weil ich zu meinem Vater gehe.

Schau genau hin: „Wer an mich glaubt ...", sagt Jesus. Nicht irgendein Elitehaufen, also ganz tolle, ausgewählte Personen, nein, du, ich, jeder der aufrichtig an Jesus glaubt. Im Grunde ist es sehr simpel. Ob es dir absurd verkommt oder nicht, nimm es einfach an, so wie Jesus es uns sagt und stelle dein Licht nicht unter den Scheffel. Gott hat auch dich dazu befähigt! Hier steht ganz klar: Wer an Jesus glaubt wird die gleichen Werke vollbringen wie er, ja, sogar noch größere. Was für eine Ehre, die Gott uns hier gewährt. Im Grunde beleidigen wir Gott, wenn wir uns selbst klein vor ihm machen!

Johannes 3, 3
Jesus antwortete und sprach zu ihm: Wahrlich, wahrlich, ich sage dir: Wenn jemand nicht von Neuem geboren wird, so kann er das Reich Gottes nicht sehen!

Da ist sie, die Aussage! Selbst Jesus hat von der Wiedergeburt gesprochen! Das müssen die Christen doch endlich begreifen. – Sachte, sachte! Solche Missverständnisse sind häufig. Sie entstehen, wenn jemand Teile aus der Bibel herauspickt und diese nur alleinstehend für sich betrachtet. Genau aus diesem Grund werden Aussagen aus der Bibel oft völlig falsch als Wahrheit deklariert.
Lesen wir doch einfach weiter. Nikodemus reagiert total bodenständig. Eine Antwort, wie wir sie auch heute in jeder Diskussion zu diesem Thema finden könnten.

Vers 4
Verständnislos fragte der Pharisäer: Wie kann ein Erwachsener neu geboren werden? Er kann doch nicht wieder in den Mutterleib zurück und noch einmal auf die Welt kommen!

Ist jemand wissenschaftlich geprägt, mit Glauben in keiner Form, weder christlich, buddhistisch, hinduistisch, noch sonst irgendwie, der muss im Grunde diesen Einwand bringen. Das ist völlig logisch und im Grunde vorprogrammiert. Jesus erklärt weiter.

Verse 5 bis 7

Nur wer durch Wasser und durch Gottes Geist neu geboren wird, kann in Gottes neue Welt kommen! Ein Mensch kann immer nur menschliches Leben zur Welt bringen. Wer aber durch Gottes Geist geboren wird, bekommt neues Leben. Wundere dich deshalb nicht, wenn ich dir gesagt habe: Ihr müsst neu geboren werden.

Die Wiedergeburt der Christen ist also nicht die klassische Reinkarnation, wie wir sie zum Beispiel vom Buddhismus her kennen. Wir müssen nicht stofflich immer und immer wieder geboren werden, um alte Lasten abzutragen. Das gibt es in der Bibel nicht: *Ein Mensch kann immer nur menschliches Leben zur Welt bringen.*

Unsere Wiedergeburt ist geistlicher Art! Gott ist Geist und unser innerstes Wesen ebenso. Wir können Gott nur auf dieser Geist-Ebene, geistlich eben, begegnen. In der Wiedergeburt erneuert Gott unseren menschlichen, stofflich orientierten Geist, damit wir die Fähigkeit bekommen, mit Gott wirklich auf einer Ebene zu kommunizieren. Als Folge daraus passiert das, was Jesus in Johannes 14 sagte. Wir haben das vorhin gelesen: *Wir werden die gleichen Taten vollbringen wie er - ja, sogar noch größere.* An anderer Stelle sagt Jesus:

Johannes 4, 24

Gott ist Geist, und die ihn anbeten, müssen im Geist und in der Wahrheit anbeten.

Die Wiedergeburt in der Bibel ist eine Sache, die sich nur auf den Geist bezieht. Da ist unser Körper überhaupt nicht mit im Spiel. Gott ist Geist und auch du, dein eigentliches Wesen ist dein Geist. Und nur über diesen deinen Geist kannst du mit Gott kommunizieren. Du bist Geist, hast eine Seele und wohnst in einem Körper.

Dein Körper, dieser Fleischbatzen, der dir jeden Tag im Spiegel begegnet, der wird irgendwann in die Kiste gelegt: tot, weg, er wird beerdigt und verfault. Aber er ist nur deine Karosserie! Du selbst, dein eigentliches Ich, dein Geist, der kann nicht sterben, deine Seele auch nicht. Die wiederum ist deine Persönlichkeit.

Selbst viele Christen haben Angst vor dem Tod. Sie glauben zwar, dass danach etwas existiert, aber viele meinen, dann als ein unpersönliches Etwas irgendwo in einer Art Nirvana zu schweben. Das ist völliger Unsinn. Das lehrt uns die Bibel ganz anders. Du bist nach deinem Tod genau die Persönlichkeit, die du auch jetzt bist, nur eben ohne die Grenzen deines stofflichen Körpers. Du bekommst einen sogenannten verherrlichten Körper. Auf den einzugehen, würde den Rahmen dieses Kapitels sprengen. Aber mit diesem Hintergrundwissen geben die Worte Jesu ganz neuen Sinn. Lesen wir sie nochmals.

Johannes 3, 5 – 7

5 Nur wer durch Wasser und durch Gottes Geist neu geboren wird, kann in Gottes neue Welt kommen! 6 Ein Mensch kann immer nur menschliches Leben zur Welt bringen. Wer aber durch Gottes Geist geboren wird, bekommt neues Leben. 7 Wundere dich deshalb nicht, wenn ich dir gesagt habe: Ihr müsst neu geboren werden.

Das ist die Erneuerung deines Geistes in Gott. Sie wird wirksam durch deinen Glauben an Jesus, durch seinen Tod, sein Blut und seine Auferstehung. Als sogenannter wiedergeborener Christ hast du die Fähigkeit empfangen, unmittelbar vor Gott zu treten und mit ihm im Gebet zu kommunizieren. Gebet ist kein Monolog: murmel, murmel und das war's. Das Gebet eines Wiedergeborenen ist Dialog und echter Austausch mit Gott.

Vers 6 macht uns deutlich, warum ein nicht im christlichen Sinne wiedergeborener Mensch Gott unmöglich erkennen kann. Der Mensch an sich ist Fleisch, aber Gott ist Geist! Da gibt es keinen Berührungspunkt.

Du kannst einem von Geburt an Blinden das volle Spektrum des Lichts eingehend beschreiben, ihn die ganze Physik des Lichts lehren. Vielleicht begreift er es in seinem Verstand und trotzdem wird er es nie wirklich erleben können. Genauso ist es mit Gott.

Solange du versuchst, dich ihm von deinem menschlichen Intellekt aus zu nähern, kannst du nie wirklich bei ihm landen. Wenn du aber dem Heiligen Geist erlaubst, deinen Geist zu erneuern, durch den Glauben an Jesus, dann wirst du von neuem geboren.

Zweiter Teil von Vers 6: „*Wer aber durch Gottes Geist geboren wird, bekommt neues Leben.*" Das ist das Leben in
Gott. Ich sage immer lakonisch: „Probiere es doch aus –
aber wundere dich nicht, wenn Gott plötzlich antwortet!"
So, und nun möchte ich dir eine ganz einfache Frage stellen:
Hast du das alles begriffen? Ist es dir wirklich klar? –
Ganz ehrlich, wenn du jetzt mit „ja" geantwortet hast,
dann bist du entweder bereits wiedergeborener Christ oder
ich glaube es dir nicht!

Jesus sagt in Vers 8
*Es ist damit wie beim Wind: Er weht, wie er will. Du hörst
ihn, aber du kannst nicht erklären, woher er kommt und
wohin er geht. So ist es auch mit der Geburt aus Gottes
Geist.*

Was bedeutet das? – Die Sache mit dem Geist steht zwar
unwiderruflich fest, aber niemand kann es wirklich erklären. Es ist wie beim Wind: Du spürst ihn, du siehst die
Auswirkungen, aber richtig fassen kannst du ihn trotzdem
nicht.
Ich überspringe jetzt ein paar Verse. Diese Bibelstellen
sind ein Gespräch zwischen Jesus und dem Pharisäer Nikodemus. Der hakt noch ein bisschen nach. So richtig begriffen hat er es nämlich auch noch nicht. Warum sollte es
ihm in dieser Hinsicht andersgehen, als uns heute?

In Vers 12 schließlich meint Jesus:

Ihr glaubt mir ja nicht einmal, wenn ich von ganz alltägli-
chen Dingen rede! Wie also werdet ihr mir dann glauben,
wenn ich euch erkläre, was im Himmel geschieht?

Da hat er recht! Das ist diese Diskrepanz, die wir eben
schon angesprochen haben. Jemand versucht, aus seinem
Intellekt heraus Sachen zu kapieren, die über den Verstand vielleicht in der Theorie ein kleines bisschen nach-
vollzogen werden können. Aber echt verstehen geht halt
auf diese Weise nicht. Das ist nur über den Geist möglich.
Und dann schwenkt Jesus auf den Christus, auf sich
selbst. Dazu noch ein paar Vorbemerkungen:

Jesus spricht hier zu einem Juden. Viele Schriften der Juden sind unser Altes Testament. Eigentlich umgekehrt:
Unser Altes Testament besteht aus Schriften der Juden.
Darin wird das Kommen des Messias, des Erlösers, ganz
deutlich beschrieben. Alles in der Zukunftsform, denn dieser Messias war bis dahin noch nicht da gewesen.

Was uns Christen glaubensmäßig von den Juden unterscheidet ist, dass dieser Erlöser bereits vor gut 2.000 Jahren gekommen ist: Das ist Jesus. Das wiederum ist bei uns
im Neuen Testament festgehalten. Wenn du die Propheten
im Alten Testament studierst, dann wirst du erstaunt sein,
wie präzise dort bereits alles beschrieben steht, was später
bei Jesus passiert ist.

Wir haben heute den großen Vorteil, dass wir diesbezüg-
lich nicht mehr in die Zukunft schauen, sondern zurück
in die Vergangenheit. Somit können wir alles exakt über-
prüfen und dadurch mit Fug und Recht behaupten: Jesus

ist dieser erwartete Messias! Das hebräische Wort „*Messias*" heißt im griechischen „*Christos*", lateinisch: „*Christus*".

Jesus weiter im Gespräch mit Nikodemus:

Vers 13
Es gibt nur einen, der zum Himmel hinaufsteigt: der Menschensohn, der vom Himmel herabgekommen ist.

Jesus spricht hier von sich selbst. Er bezeichnet sich oft in der dritten Person als „der Menschensohn". Er, Gottes Sohn, von Menschen – Maria - in diese Welt hineingeboren, damit er seinen Auftrag hier erfüllen kann.

Dann erwähnt er eine Begebenheit aus dem Alten Testament, die Nikodemus als Schriftgelehrter natürlich kennt: Als Moses mit dem Volk Israel durch die Wüste zog, entstand eine Schlangenplage. Giftige Schlangen bissen Israeliten, die daraufhin starben. Sich gegen diese Schlangen zu schützen war schwer, denn die Juden wohnten in Zelten in der Wüste, die nicht gerade ein Hindernis für Schlangen darstellten.

Moses wendet sich an Gott und erbittet Hilfe. Der befiehlt ihm, eine Schlangenfigur aus Bronze zu gießen und diese auf einem Pfahl für alle sichtbar anzubringen. Wer gebissen wurde, sollte einfach auf diese bronzene Schlange schauen und das Gift des Bisses würde ihm nichts mehr antun. Manchmal führt Gott uns schon auf seltsame Weise! Gesagt, getan, es hat wunderbar funktioniert.

Auf diese Begebenheit spricht Jesus nun Nikodemus an.

Verse 14 bis 15

Du weißt doch, wie Mose in der Wüste eine Schlange aus Bronze an einem Pfahl aufrichtete, damit jeder, der sie ansah, am Leben blieb. Genauso muss auch der Menschensohn erhöht werden. Jeder, der ihm vertraut, wird das ewige Leben haben.

Jesus, Gottes Sohn, kennt seinen Auftrag hier auf Erden und weiß nur zu gut, dass er ebenfalls am Pfahl, am Kreuz hängend, enden wird. So wie die Israeliten in der Wüste von der tödlichen Wirkung des Schlangenbisses verschont blieben, als sie auf diese Schlangenstatue am Pfahl blickten, so gilt das für uns bis heute für unseren Erlöser.

Wenn wir bildlich gesprochen auf das Kreuz blicken, auf Jesus, der für uns ans Kreuz genagelt wurde, dann werden wir von der tödlichen Wirkung der Schlange – ein Bild für den Teufel – verschont bleiben. Der Teufel brachte die Sünde in die Welt. Die Bibel sagt:

Römer 6, 23

Der Lohn der Sünde ist der Tod; aber die Gnadengabe Gottes ist das ewige Leben in Christus Jesus, unserem Herrn.

Nur wegen der Sünde sind wir zum Sterben verurteilt. Durch Jesus am Kreuz sind wir von dieser Wirkung befreit. Das Todesurteil, das auf uns wegen der Sünde liegt, wurde stellvertretend für alle Menschen an Jesus vollstreckt. Dadurch sind wir sozusagen frei von dem tödlichen Biss der Schlange Teufel.

Du sagst: „Wieso frei? Ich muss doch einmal sterben, da geht kein Weg dran vorbei!" - Stimmt! Es gibt in der Bibel zwei – ich sag jetzt mal – verschiedene Tode. Zum einen der körperliche Tod, wie wir ihn kennen, zum anderen der geistliche Tod, das ist das auf Ewigkeit Getrenntsein von Gott. Letzteres nennen wir im Volksmund auch die Hölle. Den körperlichen Tod haben wir vorhin schon erwähnt: Deine Karosserie ist irgendwann quasi im Eimer, aber dein eigentliches Ich, deine individuelle Persönlichkeit, Geist und Seele können nicht sterben. Die leben ewig. Nur, wir haben in diesem körperlichen Leben von Gott die Chance bekommen, durch Jesus der Sünde zu entkommen. Er hat deine Todesstrafe getragen, wenn du das für dich persönlich annimmst. Das wiederum steht dir frei zu tun oder eben nicht. Nimmst du diese Stellvertretung an, dann ist für dich alles bereits erledigt und du bist frei davon. Nimmst du sie nicht an, dann steht deine Strafe quasi noch aus und wird an dir selbst vollstreckt.

Das hört sich brutal an, aber jeder Mensch hat immerhin die freie Wahl. Trifft dich die Strafe selbst, dann trifft dich zusätzlich zum körperlichen auch dieser zweite, der geistliche Tod und du wirst in alle Ewigkeit getrennt sein von Gott, was im Grunde ewige Höllenqualen bedeutet.

Dieses niedliche Märchen von der Hölle mag vielleicht in Wirklichkeit anders aussehen, als es in den Kindergeschichten verbreitet wird, aber wahrscheinlich ist die echte Höllenrealität, dieser geistliche Tod, noch wesentlich brutaler. Ich jedenfalls bin mehr als froh und dankbar, dass ich durch Jesus und der geistlichen Wiedergeburt diesem nie endenden Ende entronnen bin.

Die Wirkung der Worte währt weiter

„Und eine Stimme kam vom Himmel, die sprach zu mir: ‚Sei froh und lächle, es könnte schlimmer kommen'. Ich war froh und lächelte – und es kam schlimmer!"

Kennst du diesen Spruch? Ist er nicht unwahrscheinlich treffend? Sprache und Worte haben eine Riesenwirkung und werden meist hoffnungslos unterschätzt.

„Worte sind Schall und Rauch", heißt es, verklungen, vorbei! Ist das tatsächlich so?

Dazu beantworte dir selbst einmal eine ganz einfache Frage: Hat dich schon einmal jemand verletzt mit seinen Worten? Gibt es Leute, die dir damit richtig weh getan haben? Das können auch Worte sein, die jemand völlig unbedacht geäußert hat. Er wollte dir vielleicht überhaupt nichts Böses, und trotzdem tut es dir bis heute weh. Gibt es so etwas bei dir?

Es kann sein, dass solche Worte vielleicht schon vor Jahren gesprochen wurden und trotzdem knabberst du noch heute daran! Du hast es vielleicht niemandem erzählt, auch nicht dem, der dich auf diese Weise verletzt hat. Trotzdem hast du bis jetzt immer noch Probleme damit.

Wir können also absolut nicht sagen, dass Worte Schall und Rauch sind. Schall sind sie tatsächlich und dieser Schall verklingt, aber die Wirkung der Worte bleibt vielleicht für immer bestehen. Im ungünstigsten Fall ruinieren sie ganze Leben.

Kannst du dich noch an den Studenten erinnern, der in diesem Buch im Kapitel *Freiheit* erwähnt wurde? Als er studierte gab es noch die UdSSR, die Union der sozialistischen Sowjetrepubliken. Da war Russland ein echtes Weltreich. Bedrohlich für uns im Westen, aber eine Weltmacht. Der Student meinte, er müsse auch ein bisschen an der Börse mitspielen und Aktien kaufen. Von Tuten und Blasen nicht wirklich Ahnung, aber mitspielen. Seine Geschichte zeigt uns nicht nur, wie innere Freiheit uns vor Schaden bewahren kann, sondern auch, welch dramatische Folgen Worte auslösen können.

Chef der UdSSR war zu dieser Zeit Michail Sergejewitsch Gorbatschow, Generalsekretär des Zentralkomitees der kommunistischen Partei der Sowjetunion. Ihm haben wir es zu verdanken, dass der kalte Krieg damals beendet wurde und der Eiserne Vorhang fiel. Dieser Mann war hier im Westen beliebt und seine Worte hatten Gewicht.

Irgendwann gab er wieder einmal etwas von sich und die Folge daraus war schließlich dieser erwähnte Schwarze Freitag. Alle Aktien fielen weltweit in den Keller. Es ist schon verblüffend, da sagt irgendein wichtiger Mann ein paar Worte, die mit der Börse im Grunde nichts zu tun haben und schon spielt die gesamte Finanzwelt verrückt.

Hätte daraufhin keiner der Börsenanleger verkauft, dann wäre nichts passiert, absolut nichts, aber irgendwie schoben vor allem die vielen Kleinanleger Panik und daraufhin wirbelten die Börsen durcheinander, wie Wäsche in der Waschmaschine. Da soll keiner sagen, Worte sind nur Schall und Rauch.

Ein weiteres dramatisches Beispiel, wie sich Worte auf das Leben anderer Menschen, ja sogar späterer Generationen auswirken können:

Vor vielen Jahren wohnte ich zu Miete in einem Dreifamilienhaus. In das mittlere Stockwerk zog eine, wie mir schien, recht eigenartige Familie ein. Sie stritten oft sehr lautstark über Dinge, die aus meiner Sicht überhaupt nicht wert waren, auch nur den geringsten Wortwechsel daraus zu machen.

Wir ließen sie streiten, mit welchem Recht hätten wir auch einschreiten sollen? Sie hatten zwei Kinder, eine frisch eingeschulte Tochter und einen Jungen im Vorschulalter, beide sehr verschüchtert. Die beiden brachten ihren Mund kaum auf und wenn doch, dann wirkte das nicht besonders intelligent.

Die Familie wohnte noch gar nicht lange im Haus, da traf ich den Vater zufällig unten im Keller. Er meinte, er müsse mir dort sein halbes Leben erzählen. Unter anderem sprach er von seinem Vater, der ihn nie akzeptiert und ihm stets deutlich gemacht hätte, dass er ein Idiot sei und nichts könne.

Noch während wir uns unterhielten, kam der kleine Sohn – damals etwa vier, fünf Jahre alt - die Treppen herunter und sagte seinem Vater irgendetwas. Er tänzelte von einem auf das andere Bein und mir schien, er habe ein schlechtes Gewissen und will sich irgendetwas von der Seele reden. Endlich kam er zu seinem Anliegen: Der kleine Mann hatte in die Hose gemacht und beichtete das nun kleinlaut seinem Vater.

Als sei es das schlimmste Vergehen der Welt, erhob sein Vater lautstark die Stimme und bellte den Kleinen wütend an! - Bedenke, der Sohn war noch im Vorschulalter! Sein Vater brüllte, dass er überhaupt nichts tauge, „aus dir wird nie etwas", kam wörtlich, Versager und weitere bitterböse Beschimpfungen. Danach verließen beide gemeinsam den Keller.

Nun war mir klar, warum die Kinder dieser Familie so verschüchtert waren und der Sohn in diesem Alter kaum fähig, sich zu artikulieren. Der Vater hatte mit seinem Sohn dasselbe gemacht, wie schon sein Vater früher mit ihm, vielleicht sogar noch schlimmer, wer weiß.

Für diesen Sohn wurden bereits im Vorschulalter die Weichen gestellt, dass er immer der Depp sein und in seinem Leben möglicherweise tatsächlich nichts zustande bringen würde. Das wurde ihm von seinem Vater quasi schon in jüngsten Jahren gehirnwäscheartig eingebläut.

Aber Schuld an dem später wohl verpfuschten Leben des Sohnes waren sicherlich nicht nur die Worte des Vaters, denn dem ging es als Kind genauso. Auch der Opa des Kindes wurde unter anderem mitschuldig, dass der Enkel später ein zurückgebliebener Mensch werden würde, immerhin hatte er den Vater des Jungen ebenso negativ geprägt.

Worte, die viele Jahrzehnte vorher ausgesprochen waren, übten hier eine ganz dramatische Wirkung auf ein Menschenleben aus. - Worte sind Schall und Rauch? Schlichtweg nein!

Deshalb bitte ich dich ganz eindringlich, gib acht auf deine Worte. Du kannst damit Katastrophen auslösen, die nie wieder gut zu machen sind, die zum Teil Generationen später noch dramatische Wirkung nach sich ziehen können.

Das Schöne ist allerdings, das Ganze funktioniert auch andersherum im positiven Sinn, wenn du aufmunternde und ermutigende Worte sprichst. So etwas kannst du dir regelrecht zum Lebensstil machen! Also achte sehr auf deine Worte!

Jakobus warnt in der Bibel massiv vor dem Missbrauch der Zunge, gemeint sind damit die Worte, die wir sprechen.

Jakobus 3, ab Vers 2 (NeÜ)
Wir alle machen oft Fehler.

Das ist nichts Außergewöhnliches. Niemand ist perfekt! Ich finde es albern, wenn Menschen sich so darstellen, als seien sie fehlerfrei. *Sie* machen keine Fehler, *sie* doch nicht, alle anderen schon, aber nicht sie! Etwas Unglaubwürdigeres gibt es doch nicht. Also *ich* mache immer wieder Fehler und wenn du ganz ehrlich mit dir selbst bist, dann gibst du zu: du auch! Jakobus weiß allerdings ein Gegenmittel, denn er fährt fort:

Wer beim Reden keine Fehler macht, der ist ein vollkommener Mann ...

Gemeint ist hier der Mensch an sich, unabhängig vom Geschlecht!

... und kann auch seinen Körper im Zaum halten.

Alleine durch achtsamen Umgang mit deinen Worten kannst du also eine ganze Menge erreichen.

„... der ist ein *vollkommener* Mann ...". Ok, das lass ich jetzt mal so stehen!

Dann bringt Jakobus gleich noch ein paar Beispiele hinterher.

Vers 3

Wenn wir den Pferden Zaumzeug ins Maul legen, um sie uns gefügig zu machen, lenken wir damit das ganze Tier.

Und gleich folgt der nächste Vergleich:

Vers 4

Seht euch die großen Schiffe an, die von starken Winden getrieben werden. Von einem sehr kleinen Ruder werden sie dorthin gesteuert, wohin der Steuermann es will.

Ein Pferd ist ein Riesenvieh und um etliches stärker als du, aber du beherrscht es alleine dadurch, dass du ihm Zaumzeug ins Maul schnallst.

Die Schiffe damals wurden von heftigen Winden getrieben. Es gab nur Segelschiffe. Auch diese Riesendinger wurden von einem kleinen Steuerrad gelenkt.

Und jetzt kommt Jakobus auf die Zunge zurück, die unsere Worte ausspricht.

Vers 5

So ist auch die Zunge nur ein kleines Glied und kann sich doch großer Dinge rühmen. Und ein kleines Feuer kann einen großen Wald in Brand stecken.

Du lässt vielleicht unbedacht ein paar Worte fallen. Die kannst du nie mehr zurückholen, wenn sie draußen sind. Aber was du damit anrichten kannst, ist zum Teil richtig dramatisch und oft nicht wieder gut zu machen. Ein kleines Feuer steckt einen großen Wald in Brand. Ein paar arglose Worte können einen Flächenbrand auslösen, der nie mehr zu löschen ist.

Ich stelle mir dabei einen Jeep vor, der durch den australischen Busch braust. Dort entstehen fast jedes Jahr im Hochsommer gigantische Waldbrände, die Hunderte von Quadratkilometern Wald einfach ausradieren. Sie können wochenlang toben, zig Feuerwehrmännern das Leben kosten und oft Städte und Siedlungen bedrohen. Der Fahrer unseres imaginären Jeeps steckt sich eine Zigarette an und wirft das kleine Streichholz aus dem Auto. Miniflamme, vielleicht glimmt es nur noch. Aber es löst einen Brand mit verheerender Wirkung aus.

Wenn du deine Worte im Griff hast, dann kannst du viele Flächenbrände in den Seelen anderer Menschen vermeiden.

Habe stattdessen lieber ein paar positive, zuversichtliche Worte übrig, denn die können wie Balsam wirken. Menschen zweifeln oft an sich, an Dingen oder Umständen. Wie gut tun da ein paar aufbauende Worte!?

„Schatz, du bist die schönste aller Frauen! – wenn keine andere in der Nähe ist".

Aufbauende Worte verlieren natürlich ihre heilende Wirkung, wenn wir sie gleich wieder relativieren. Vor allem, du sollst nicht Süßholz raspeln, sondern einfach ein paar nette, vor allem aber *aufrichtige* Worte sagen.

Jeder Mensch hat massenhaft Dinge an sich, an denen wir herummäkeln könnten. Wir vergessen dabei aber allzu oft, dass jeder auch Wunderschönes an sich hat.

Tolles Auto, das dein Freund fährt, aber grässliche Farbe. Na, dann schau halt über die Farbe hinweg und sag ihm, was dir an dem Auto gefällt.

Oder du, Junge, deine Begleiterin ist vielleicht nicht gerade die schönste. Aber wenn du ehrlich bist, dann hat sie in ihrer nicht-so-Schönheit ausgesprochen schöne Augen. Genau das könntest du ihr gegenüber ansprechen! Es fällt dir dabei bestimmt kein Zacken aus der Krone, du sagst die Wahrheit und ihr geht es garantiert gut dabei, wenn du das erwähnst.

Warum müssen Menschen andere Menschen immer fertig machen, anstatt sie aufzubauen? Das ist eine ganz komische Eigenart. Dir geht es doch auch gut, wenn dir jemand etwas Nettes sagt, oder?

So wie du in den Wald hineinrufst, so schallt es wieder heraus. Wenn du nur maulend und kritisierend durch die Welt läufst, dann wundere dich nicht, wenn kaum jemand etwas mit dir zu tun haben will.

Bist du dagegen Balsam für die Seele der anderen, baust du sie mit deinen Worten auf, dann werden auch sie dir im Laufe der Zeit immer mehr aufbauende Worte entgegenbringen. Kannst du dir vorstellen, wie gut *dir* das dann tut? Du redest nett, respektvoll und aufbauend mit anderen Menschen und im Endeffekt baust du damit dein eigenes Selbstbewusstsein auf. Toller Effekt, oder? Dein Leben wird trotz der vielen Winde, die um dich herum brausen, wärmer und schöner sein, ausgelöst durch dein eigenes Verhalten!

Sprüche 12, 18
Wer unbedacht schwatzt, der verletzt wie ein durchboh-
rendes Schwert; die Zunge der Weisen aber ist heilsam.

Wem ist sie heilsam? Anderen, aber zugleich auch dir selbst. Deine eigenen Worte kehren zu dir zurück, verletzend oder eben heilsam!
„So etwas brauche ich doch nicht, ich bin eine starke Persönlichkeit, heilende Worte habe ich gar nicht nötig! Ich brauche auch keinen bestimmten Freund, ich sage jedem, was ich denke. Wenn es ihm nicht passt, dann braucht er ja nicht mein Freund zu sein!"
Es gibt Menschen, die tatsächlich so denken. Aber das spiegelt nur wider, in welchem zerstörerischen Denk-schema sie gefangen sind.
„Wo Licht ist, da ist auch Schatten", heißt es. Du kannst den Spruch allerdings auch umkehren: Wo Schatten ist, muss zwangsweise Licht vorhanden sein, sonst würde es nämlich keinen Schatten werfen. Selbst die Dinge, die im Grunde nur Ärger mit sich bringen, haben irgendwo, und sei es noch so versteckt, auch positive Seiten im Schlepp-tau. Warum willst du deinen Fokus denn nicht eher *darauf*

werfen? Das hilft anderen, die fühlen sich dabei wohler in deiner Gegenwart. Außerdem hat das den wunderschönen Nebeneffekt, dass sie dann auch *dir* gegenüber eher das Positive herauskehren. Dann fühlst nämlich auch *du* dich wohler.

Sprüche 18, 20
An der Frucht seines Mundes sättigt sich der Mensch, am Ertrag seiner Lippen isst er sich satt.

Was aus unserem Mund herauskommt entscheidet, was auf uns zurückkommt. Maulen wir ständig herum, dann werden andere auch mit uns herummaulen, das ist eine logische Konsequenz. Dann fühlen auch wir uns irgendwann schlecht. Wie werden wir darauf reagieren? „Solche blöden Leute, denen werde ich es aber zeigen!" Und schon dreht sich die Spirale unaufhaltsam nach unten. Erzählen wir dagegen anderen was sie gut gemacht haben, was angenehm an ihnen ist, werden wir gesättigt werden mit dem, was unsere Lippen uns einbringen. Dann erzählen die anderen in zunehmendem Maß auch, was angenehm an *uns* ist. Dann geht es uns wiederum gut dabei!

Prediger 10, 12 (NeÜ)
Einen Weisen machen seine Worte beliebt, einen Dummkopf kosten sie den Kopf.

Du kannst selbst wählen, ob du lieber der Weise sein möchtest oder der Dummkopf.

Ich habe eine ganz liebe Bekannte. Diese Frau ist ein bisschen naiv, wird von manchen belächelt, aber sie ist eine Seele von Mensch. Sie ist ehrlich und natürlich in ihrem Auftreten, immer irgendwie freundlich und lächelnd. Wer mit ihr zusammen ist, dem geht einfach die Sonne auf. Sie hat einen sehr großen Bekanntenkreis und kommt im Grunde mit fast jedem Menschen klar. Warum? Weil sie einfach knuffig ist. Du kannst sie nur mögen, das geht gar nicht anders. Sie baut die Menschen in ihrer Umgebung auf, sicherlich unbewusst, aber sie tut es. Auch wenn sie intellektuell nicht gerade eine Bereicherung darstellt, alleine ihre Anwesenheit tut einfach gut.

Die Art wie du redest entscheidet, ob deine eigenen Worte dich verschlingen, oder dir Gunst einbringen. Du musst dabei nicht herumschleimen, du brauchst nur den positiven Seiten der Dinge den Vorrang geben, diese aussprechen und mit meckern eher etwas sparsam sein.

Kennst du diesen aalglatten, schmierigen Verkäufertypen, der für einen Abschluss seine eigene Großmutter verkaufen würde? Vorneherum schöntun und hintenherum den Kunden über den Tisch ziehen. Warum sind manche Branchen besonders verrufen? Genau aus diesem Grunde, da treten solche Typen nämlich gehäuft auf.

Jakobus 3, 10 - 11

Aus ein und demselben Mund geht Loben und Fluchen hervor. Das soll nicht so sein, meine Brüder! Sprudelt auch eine Quelle aus derselben Öffnung Süßes und Bitteres hervor?

Kurzfristig mag so ein Verhalten dem Verkäufer etwas bringen, er macht vielleicht einen höheren Umsatz, den er auf ehrliche Weise nicht gemacht hätte. Aber langfristig gesehen ist es das dümmste Verhalten, das ein Verkäufer an den Tag legen kann.

Wie oft kann er dich denn bescheißen? Einmal, vielleicht ein zweites Mal, aber dann dürfte auch schon Schluss sein. Danach wird er mit dir kaum mehr ein Geschäft machen. Also muss er wieder auf die Piste und schauen, wen er als nächstes ausnimmt. Das stelle ich mir ganz schön stressig vor.

Wenn er dich aber sauber berät, dann wirst du immer wieder zu ihm kommen, ganz von selbst und du bringst ihm dann auch noch Frau, Freundin, Oma, Kinder oder sonst wen als weitere Kunden mit. Wenn ihm so etwas von vielen Kunden beschert wird, dann hat er irgendwann ein leichtes Leben. Das fällt ihm zu, aber nur dann, wenn er es sich durch gute Beratung über einen gewissen Zeitraum erarbeitet hat. Seine Worte sind ehrlich und darum tritt ein, was wir schon gelesen haben.

Sprüche 18, 20
An der Frucht seines Mundes sättigt sich der Mensch, am Ertrag seiner Lippen isst er sich satt.

Wo verdienter Erfolg ist, da treten allerdings ganz schnell auch Neider auf: „Dem fällt ja alles zu, der hat vielleicht einen Dusel".

Das mag sicherlich in der einen oder anderen Situation zutreffen, aber im Großen und Ganzen hat er sich seinen

Erfolg durch sein ehrliches und engagiertes Handeln erarbeitet. Zu welcher Sorte gehörst du?

Zum Thema Fluch oder Segen der Worte gehört auch die selbsterfüllende Prophezeiung:

„Das klappt ja doch nicht!", „Ich glaube, ich werde krank!", „Wetten, dass wir in der Innenstadt heute wieder keinen Parkplatz kriegen?"

Und anschließend kommt das große „Siehste, ich hab's ja gewusst!"

Worte sind alles andere als Schall und Rauch. Worte haben immer eine Wirkung, die sich irgendwann in der realen Welt manifestiert. Als Gott die Welt schuf, sprach er:

„Es werde Licht!", „Die Erde bringe das grüne Gras hervor", und so weiter. Gott spricht und es kommt etwas in Existenz. Auf genau dieselbe Weise hat Jesus die Kranken geheilt. Er hat sie nicht mit Antibiotika gefüttert, sondern er hat die Krankheiten angesprochen und sie mussten daraufhin weichen.

Du bist nicht Gott, du bist auch nicht Jesus, aber dieses Prinzip existiert als allgemeingültiges, ich möchte fast sagen Naturgesetz! Achte einfach auf deine Worte.

Du kannst sagen: „Oh weh, oh weh, mein Hals kratzt, ich glaube ich werde krank!".

Damit setzt du automatisch etwas in Gang, das ein Ausbrechen der Krankheit begünstigt. Du programmierst dich durch deine Worte auf die entstehende Krankheit.

Die andere Variante wäre, du lässt den Hals einfach kratzen, ohne ihm groß Beachtung zu schenken. Er kratzt nämlich trotzdem, ob du es groß proklamierst oder nicht. Also wozu darüber reden?

Du kannst ihn auch direkt anreden und sagen: „Nein Hals, ich bin und bleibe gesund!", auch wenn dein Hals dir etwas ganz anderes vorgaukelt. Formuliere deine Sätze positiv, ohne Negationen wie „nicht" oder „kein". Probiere es in verschiedenen Situationen aus. Du wirst staunen, was Worte alles bewirken können, sowohl im Negativen als auch im Positiven.

Unsere Buchläden sind randvoll mit Esoterik, Okkultem und Übersinnlichem. Moderne Zauberei, etwas anderes ist das nicht. Wie wirken die denn? Auch nicht anders! Sie nutzen dieses göttliche Schöpfungsprinzip für ihre Zwecke und es funktioniert tatsächlich! Ihr Problem ist allerdings, dass sie an Jesus vorbei handeln und damit aktivieren sie geistliche Kräfte, die nicht von Gott kommen, sondern von der finsteren Seite.

Sie verfluchen und beschwören Leute oder Dinge, und vielleicht zwar ganz bewusst. Wie? Mit Worten! Diese Worte wirken ganz nach ihrer Art, zum Guten oder zum Bösen!

Es ist unerheblich, ob du deine Worte bewusst einsetzt, ohne zu denken hirnlos herausschnatterst oder es ganz anders meinst. Sie wirken immer nach ihrer Gesetzmäßigkeit. Du brauchst die gesprochenen Worte nicht einmal zu verstehen und wissen was du da gesprochen hast. Die Worte wirken trotzdem. Deshalb ist es so fatal, wenn du fremdsprachige Lieder mitgrölst, deren Inhalt du gar nicht kennst.

Satanisten setzen diesen Umstand gezielt ein, um Massen dazu zu bewegen, immer und immer wieder verheerende

Aussagen in die Welt zu schmettern. Sie wissen in dieser Hinsicht genau Bescheid. Sei nicht so töricht und falle darauf rein.

Dieses Phänomen wird extrem häufig eingesetzt von Leuten, die bewusst manipulieren wollen. Häufig, nicht ab und zu, wirklich häufig! Auch die Werbung bedient sich dieser Methodik. Hier wird gebetsmühlenartig Gehirnwäsche betrieben. Ebenso in der Politik.

Du triffst dieses Phänomen jeden Tag, man könnte fast sagen an jeder Straßenecke. Deshalb gib acht auf das, was du mitsingst oder dir irgendjemand vorplappert. Im Zweifelsfalle schweig lieber.

Aber mache es doch zu deinem Lebensstil, Worte positiv zu verwenden! Lobe Menschen, wo es etwas zu loben gibt und schweige, wo es nichts zu loben gibt. Du kannst Menschen auch wohlwollend und in positiver Form korrigieren, wenn etwas falsch läuft. Du nutzt damit konsequent ein funktionierendes, von Gott kommendes Naturgesetz. Wie gesagt, es wirkt, ob du davon weißt oder nicht, ob du dir gerade dessen bewusst bist, oder nicht, ob dir diese Tatsache gefällt, oder nicht!

Dem Apfel ist es schnurz piep egal, ob du das physikalische Gesetz der Schwerkraft kennst oder nicht. Wenn er vom Baum fällt, dann immer nach unten. Das ist ein Naturgesetz. So ist es auch hier. Nutze deine Worte weise und lass sie positiv für andere, und damit automatisch auch für dich, arbeiten.

Matthäus 5, 37

Es sei aber eure Rede: Ja, ja! Nein, nein! Was darüber ist, das ist von Bösen.

Stehe einfach zu dem, was du sagst, und zwar konsequent. Hast du „ja" gesagt, dann stehe dazu, hast du „nein" gesagt, auch. Vergiss den Spruch: „Was kümmert mich mein Geschwätz von gestern?"!

Du brauchst nicht groß etwas zu beteuern oder gar zu schwören. Nein, wenn du etwas sagst, dann stehe einfach dazu und irgendwann werden dich die Leute als einen absolut verbindlichen Menschen kennen, auf dessen Wort sie vertrauen können.

Auch wenn du falsch entschieden hast, dann eiere nicht herum, sondern stehe dazu, dass es falsch war. Begründe handfest, warum du jetzt anders denkst und dich umentschieden hast, warum du vorher schlichtweg daneben lagst. Gib es einfach offen zu. Das kommt letztendlich wieder positiv auf dich zurück und erleichtert dein Leben enorm.

Entscheide also selbst, ob du chaotisch durch dein Leben hasten, oder voller Selbstbewusstsein standhaft dein Leben meistern möchtest. Die Wahl deiner Worte ist dabei von entscheidender Bedeutung.

Zur Erinnerung nochmals Prediger 10, 12

Einen Weisen machen seine Worte beliebt, einen Dummkopf kosten sie den Kopf.

Es liegt an dir, wie du dein Leben meisterst, ob dich die Welt verschlingt oder du Gunst erhältst.

Achte auf die Art wie du sprichst, achte auf deine Wortwahl. Ermutige andere mit deinen Worten und sie werden langfristig gar nicht anders können, als auch *dich* zu ermutigen. Du entscheidest selbst durch deine Zunge, was du bist und was langfristig geschieht. Sei ein Ermutiger, denn nur dann kehren deine Worte voller Segen zu dir zurück.

Der Himmel nimmt dich auch so auf

Einmal im Jahr begehen wir Karfreitag, da gedenken wir dem Tod Jesu am Kreuz. An diesem Tag läuft alles ein bisschen ernster als sonst.

Es ist immer wieder interessant zu verfolgen, was sich Menschen alles einfallen lassen, um bei Gott zu punkten. In den letzten Jahren konnte man wiederholt lesen, dass sich in manchen Ländern Christen an Kreuze hängen ließen, mit der Begründung, sie wollten so wie Jesus für ihre Sünden büßen.

Filme sind auch oft interessant: "Vision – Aus dem Leben der Hildegard von Bingen". Dort wird recht gut dargestellt, wie sich Mönche und Nonnen im Mittelalter selbst kasteiten und zum Beispiel ihren eigenen Rücken mit Lederpeitschen blutig schlugen. Die Motivation dazu war im Grunde exakt dieselbe. Sie meinten, sie müssten wie Christus leiden.

Manche Menschen glauben tatsächlich, sie tun für Gott etwas Tolles, wenn sie sich selbst Leid zufügen! Gott schaut zu und ...? - Wahrscheinlich schaut er entsetzt zu und weint mitleidig über unser törichtes Verhalten!

Genau hier trennt sich wahrer, biblischer Glaube von religiöser Selbstgerechtigkeit. Solche und ähnliche Religiosität findest du in der ganzen Welt und in allen Religionen. Sie meinen, sie tun etwas für Gott, laufen jedoch tatsächlich kilometerweit an ihm vorbei! Was sagt die Bibel dazu?

Römer 3, 23

Denn alle haben gesündigt und verfehlen die Herrlichkeit,
die sie vor Gott haben sollten.

Also haben diese Menschen doch recht!? Vielleicht können
sie bei Gott wenigstens ein paar Punkte gewinnen mit
ihrem Handeln. Wenn du diese Bibelstelle so liest könnte
diese Vermutung tatsächlich aufkommen.

Aber genau das, was ich jetzt gerade getan habe, machen
viele mit Gottes Wort. Auch etliche Theologen gehen so mit
der Bibel um und verzerren sie damit komplett. Deswegen
wird sie oft sehr schräg ausgelegt.

Was habe ich getan? Ich habe nur eine kleine Passage
alleine für sich herausgenommen und kein bisschen nach
links und rechts geguckt. Der Text geht nämlich noch
weiter. Wir lesen nochmals, jetzt allerdings im Zusam-
menhang.

Römer 3, 23 - 24

Denn alle haben gesündigt und verfehlen die Herrlichkeit,
die sie vor Gott haben sollten, sodass sie ohne Verdienst
gerechtfertigt werden durch seine Gnade aufgrund der
Erlösung, die in Christus Jesus ist.

Aha, da sieht die Stelle doch gleich ganz anders aus!
Wichtig ist hier dieser scheinbar nebensächliche Zusatz
"ohne Verdienst". Du kannst dich durch eigene Leistung
nicht vor Gott freikaufen. Das geht nicht! Das will Gott
auch nicht, weil er weiß, dass wir es ohnehin nicht
schaffen. Aber genau deswegen hat er uns Jesus

geschickt. Wir sind von Gott gerecht gesprochen, und zwar aufgrund der Erlösung, die durch Jesus Blut geschehen ist.

Der einzige Part, der uns noch bleibt, ist, Jesus als unseren Erlöser anzunehmen. *Er* hat alle Schuld am Kreuz für uns getragen. Er hat unsere Sünde gepackt und vernichtet. Wir müssen sie nicht selbst sühnen, wir können es gar nicht, weil er es bereits getan hat. Das heißt, Menschen, die sich selbst kasteien oder gar an ein Kreuz hängen, verachten damit das Werk, das Jesus für sie bereits getan hat. Im Grunde ist so ein Handeln eine Unverschämtheit Gott und Jesus gegenüber.

Wir wollen bei unseren Ausführungen ganz vorne beginnen: Was bedeutet es, religiös zu sein? Es gibt religiöse Christen, Muslime, Buddhisten, Hindus und Anhänger weiterer Religionen. Atheisten schmunzeln oft über sie, zumindest über die religiösen Christen. Mit irgendwelchen fernöstlichen Riten können sie sich häufig noch anfreunden, aber das vor unserer eigenen Haustür liegende Christentum, das geht aus ihrer Sicht oft gar nicht.

Bist du religiös? Bist du gläubig? Bist du beides? Bist du nicht automatisch gläubig, wenn du religiös bist? Bist du nicht automatisch religiös, wenn du gläubig bist? Wir schauen, was die Bibel dazu sagt!

Ich habe etliche Menschen kennengelernt, die von sich selbst sagen, sie seien religiös. Sie folgen bestimmten Gebetsritualen, an gewissen Feiertagen werden festgelegte Handlungen absolviert, freitags Fleisch essen geht gar nicht, wer es tut, wird mit Verachtung gestraft, und so weiter. Der gute Christ muss dieses tun, jenes lassen und wer nicht so handelt, der ist kein guter Christ.

Da stellt sich mir als erstes die Frage: *Wer* ist denn ein guter Christ? Gibt es Voraussetzungen, die bestimmen, wann jemand ein *guter* Christ ist?

Römer 3, 19

Wir wissen aber, dass das Gesetz alles, was es spricht, zu denen sagt, die unter dem Gesetz sind, damit jeder Mund verstopft werde und alle Welt vor Gott schuldig sei.

Das sind harte, ja schon fast zynische Worte, die Paulus hier schmettert. Denn das ist genau der Zustand, den wir auch heute in unwahrscheinlich vielen christlichen Gruppierungen finden. Irgendwelche Gesetze und Vorschriften werden von Menschen, beziehungsweise Institutionen verfasst und als allgemeingültig verordnet, den praktizierenden Gläubigen damit der Mund verstopft und alle sehen sich als unwürdig und dem Urteil Gottes verfallen. Ich habe in Gebeten so mancher Christen Formulierungen gehört wie, wörtlich:

"Ich bin ein Wurm vor dir, o Gott und nicht würdig vor dich zu treten. ...".

Wen wundert es da, dass Hunderttausende aus den Kirchen austreten? Wenn Christen sich selbst als „Wurm" und „unwürdig" bezeichnen und Atheisten diese Haltung bei Christen erleben, dann bleibt tatsächlich nur die weitverbreitete Meinung übrig: „So wie die ..." - also die Christen – „... will ich nie werden!".

Salopp gesagt, diese Christen stellen sich selbst als die Oberdeppen der Nation dar und drängen außerdem Gott und Jesus mit ihrer Haltung in die Ecke der Lächerlichkeit. Da können Atheisten tatsächlich nur den Kopf über sie schütteln.

Das Schlimme dabei ist, das wird alles als von Gott kommend erklärt. Die Christen, Menschen, Kirchen erlassen etwas und geben dann vor, es sei Gott, der das so will. Was Gott alles in die Schuhe geschoben wird, das geht auf keine Kuhhaut!

Römer 3, 22

Die Gerechtigkeit Gottes durch den Glauben an Jesus Christus, die zu allen und auf alle kommt, die glauben.

Dieser kurze Satz enthält zwei wichtige Aspekte: „Glauben an Jesus" und „zu allen kommt"! Da steht nichts vom Einhalten irgendwelcher Rituale und Vorschriften als Voraussetzung. Diese Gerechtigkeit Gottes, die aus dem Glauben resultiert, kommt zu allen ... die glauben! Nicht einige Auserwählte, nein *alle*! Wir bekommen sie geschenkt!

Ein Geschenk ist dann ein Geschenk, wenn es ohne Bezahlung und Gegenleistung geben wird. Wir können es uns nicht erkaufen. Wir können es uns auch nicht durch irgendwelche Handlungen verdienen. Nein! Wir kriegen es einfach geschenkt. Ein Geschenk nützt uns natürlich nichts, wenn wir es nicht annehmen und auspacken. Über ein nicht angenommenes Geschenk kann ich nie verfügen!

Gott schenkt es uns! Nimm es an. Wir alle sind ursprünglich sündige Menschen und dadurch tatsächlich nicht würdig, ich würde eher sagen nicht fähig, vor Gott zu bestehen. Bis dahin haben die "Ich-will-mich-freikaufen"-Befürworter in gewisser Hinsicht recht.

Nur, wir besitzen doch überhaupt nichts, mit dem wir uns freikaufen könnten. Das ist auch gar nicht nötig. Gott hat uns seinen Sohn Jesus geschickt, der für unsere Schuld bezahlt *hat*. Vergangenheit! Es ist bereits geschehen! Er hat uns von dieser Schuld komplett erlöst, er hat sie getragen. Dadurch hast du keine weitere Schuld mehr vor Gott. Keine! Was willst du denn bezahlen, wenn du überhaupt keine Schuld mehr hast? Das ist das Geschenk Gottes an uns. Du brauchst es nur aufrichtigen Herzens anzunehmen!

„Buße tun" im biblischen Sinne bedeutet nichts anderes, als zu Gott umzukehren, Richtungswechsel des Lebens zu Gott hin durch Jesus Christus. Diese Leute wollen aber „büßen" gemäß unserem heute üblichen Sprachgebrauch dieses Wortes: Ich habe Böses getan und dafür werde ich büßen. Das mutet fast masochistisch an. Hinzu kommt, dass wir durch unser Tun, durch unsere Werke nichts, absolut nichts bewirken können, um Gott "gnädig" zu stimmen. Der ist sowieso gnädig, sonst hätte er uns dieses Geschenk nie gemacht.

Römer 3, 20

Weil aus Werken des Gesetzes kein Fleisch vor ihm gerechtfertigt werden kann; denn durch das Gesetz kommt Erkenntnis der Sünde.

Es ist gut, wenn wir unsere Sünde erkennen, dann können wir bewusst entgegensteuern, aber:

Verse 21 – 22
Jetzt aber ist außerhalb des Gesetzes die Gerechtigkeit Gottes offenbar gemacht worden, ... nämlich die Gerechtigkeit Gottes durch den Glauben an Jesus Christus, die zu allen und auf alle kommt, die glauben.

Lass uns die Sache einmal provokativ betrachten: Gott schickt uns seinen Sohn Jesus, der uns durch seinen Tod von aller Schuld befreit hat. Er vergibt uns unsere Sünde, und das, ohne Wenn und Aber. Das ist Gottes Riesengeschenk an uns. Wir allerdings missachten diesen stellvertretenden Sühnetod Jesu und handeln weiterhin aus uns selbst heraus: „Nee Gott, wir machen das anders. Ich tue tolle Werke und dann sprichst du mich frei von meiner Schuld". Also *ich* an Gottes Stelle würde sagen: „Blas' mir den Schuh auf!"
Du bist frei, allein durch den Glauben an die Erlösung durch Jesus Christus! Nicht Werke machen uns gerecht, das sagt uns die Bibel, sondern alleine der Glaube. Abraham im Alten Testament wird als Vater des Glaubens bezeichnet. Warum? Er hat Gott geglaubt, obwohl alle Umstände absurd schienen. Seine Frau Sarah war unfruchtbar und konnte keine Kinder bekommen. Als beide bereits alt sind, sagt Gott zu Abraham: Du wird zahlreiche Nachkommen haben. Abraham hatte, im Grunde kindlich naiv, überhaupt keinen Zweifel daran. Als

Abraham schließlich fast Hundert war, kam sein Sohn Isaak zur Welt. Aus dieser Linie stammt das gesamte Volk Israel ab. Damit hat sich die Sache mit den zahlreichen Nachkommen absolut bewahrheitet. Genau das ist die Art Glaube, die wir Gott gegenüber haben sollten.

Römer 4, ab Vers 20

Er – Abraham - zweifelte nicht an der Verheißung Gottes durch Unglauben, sondern wurde stark durch den Glauben, indem er Gott die Ehre gab und völlig überzeugt war, dass Er das, was Er verheißen hat, auch zu tun vermag. Er ehrte Gott, indem er ihm vertraute und wurde so im Glauben gestärkt. Er war sich völlig gewiss, dass Gott tun kann, was er verspricht. Eben darum wurde ihm der Glaube als Gerechtigkeit angerechnet.

Das ist die Art, wie wir glauben sollten. Nicht wischi waschi, sondern, wie steht da? „... er zweifelte nicht ... indem er Gott die Ehre hab und völlig überzeugt war ...".
Was entstand daraus? „... wurde stark durch den Glauben ...".
Das bedeutet für uns: Glaube stärkt Glaube! Er war völlig überzeugt, dass Gott tun kann, was er verspricht. Völlig überzeugt! Nicht "Naja, wenn er meint, schauen wir mal", sondern da gab es überhaupt keinen Zweifel! Gott kann das tun, was er verspricht.
Genau das ist das Geheimnis des Glaubens: Gott gibt uns etliche tolle Verheißungen, Versprechen, und darauf können wir ihn sogar festnageln. Er steht immer felsenfest zu seinen Versprechen. Wenn wir in völliger Gewissheit

bleiben, erstens, dass er kann, und zweitens, dass er entsprechend handelt, dann verstehen wir, erstens, das Erlösungswerk Christi, und zweitens wissen wir, dass unsere Gebete erhört werden, wenn wir nach dem Willen Gottes beten!

Warum ist so etwas im *Neuen* Testament aufgeschrieben? Wir könnten sagen: "Ist mir doch egal, was mit Abraham war, das war lange vor Jesus."

Römer 4, 23 – 25

Es steht aber nicht allein um seinetwegen – Abrahams - geschrieben, dass es ihm angerechnet worden ist, sondern auch um unsertwillen, denen es angerechnet werden soll, wenn wir an den glauben, der unseren Herrn Jesus aus den Toten auferweckt hat, ihn, der um unserer Übertretungen willen dahingegeben und um unserer Rechtfertigung willen auferweckt worden ist.

Daran kannst du erkennen, wie aktuell die Bibel ist, immer bleiben wird und wie die einzelnen Geschehnisse in diesem Buch miteinander verzahnt sind. Wir lesen Ereignisse, die vor 4.000 Jahren geschehen sind und spätere Schriften beziehen sich darauf und haben Auswirkungen auf uns bis heute.

Vertraue auf Gott, so wie Abraham Gott vertraute und dieser Glaube wird auch dir – Zitat - "angerechnet werden". Du kannst vor Gott bestehen, alleine dadurch, dass du das Erlösungswerk Christi glaubst und für dich persönlich annimmst. Das ist doch eine wunderbare Nachricht, oder? Einfacher kann Gott es uns nicht machen! Aber genau das missachten religiöse Menschen, wenn sie ihre vermeintlich guten Werke für Gott tun. Im Grunde stoßen sie ihn damit gehörig vor den Kopf.

Ein Beispiel. Stelle dir vor, du bist ein wohlhabender und großzügiger Mensch und triffst auf einen armen Menschen, der betteln gehen muss, um überhaupt das Notwendigste zum Leben zu haben. Aus irgendwelchen Gründen kann er es sich nicht mehr selbst verdienen. Du siehst seine Not und sagst: "Mach dir keinen Kopf, ich schenke dir ab sofort jeden Monat 3.000 Euro, damit du anständig leben kannst."

Von diesem Tag an ist seine Not bezüglich Finanzen vorbei, da stimmen wir sicherlich überein! Ihm steht nun genügend Geld zur Verfügung!

Vier Wochen später gehst du in die Stadt und siehst ihn wieder betteln. Weitere vier Wochen darauf ebenfalls. Er hat das geschenkte Geld aus Stolz heraus nie abgeholt. - Wie würdest du reagieren? Er hat alles bekommen, um ein gutes Leben führen zu können, geschenkt von ganzem Herzen, ohne jede Gegenleistung. Seine Not ist vorbei - könnte vorbei sein -, aber er bettelt mit trauriger Mine weiter. - Also ich wäre sauer!

Aber genauso handeln religiöse Menschen, wenn sie aus sich heraus immer wieder irgendwelche vermeintlich tollen Werke für Gott tun. Wenn du Gott wirklich erfreuen willst, dann kannst du nur ein einziges Ding tun, nimm sein Geschenk einfach an. Nimm die Erlösung durch Jesus Christus an, sage "danke" und lebe entsprechend. Sei kein religiöser Mensch, sei ein gläubiger Mensch, der sein Leben auf Gott baut.

Wie können wir das tun, wie können wir wohlgefällig vor ihm sein? Können wir überhaupt wissen, ob wir richtig vor ihm leben?

Keiner weiß es wirklich – das ist die weitverbreitete Meinung -, also schließen sich Menschen irgendeiner Religion an und leben mehr oder weniger streng nach deren Vorschriften und Gesetzen. Ich bin ein guter Mensch, also muss ich doch in den Himmel kommen! - Hoffentlich! Gott, bitte, bitte, lass mich im Himmel landen.

Gott schaut dir dabei zu und verzweifelt an deinen manchmal wahnwitzigen Versuchen, aus deinen eigenen Handlungen heraus erlöst zu werden. Du versuchst damit etwas, das du unmöglich selbst kannst! Gott ruft dir zu: "Stopp, hör auf damit!", aber du hörst es nicht und machst stur weiter.

Die Bibel sagt uns klipp und klar, dass wir nicht aus eigenen Werken gerecht werden können, sondern einzig und allein durch den Glauben an die Erlösung, die durch das Blut Jesu am Kreuz geschehen ist.

"Es ist vollbracht", rief Jesus am Kreuz aus, unmittelbar bevor er starb. Damit meinte er, die Erlösung ist nun vollendet. Wir brauchen sie nur noch anzunehmen und Jesus als unseren Erlöser.

Römer 3, 22

... nämlich die Gerechtigkeit Gottes durch den Glauben an Jesus Christus, die zu allen und auf alle kommt, die glauben.

Mehr brauchen wir nicht, also lass uns alle Selbstgerechtigkeit ablegen und einfach, ganz simpel, Gottes Geschenk annehmen. Glaube an ihn und bringe deines Glaubens würdige Früchte, die da sind: Liebe, Freude, Frieden, Wahrheit, und so weiter. Du findest eine Aufzählung in Galater 5, 22.

Komme zu ihm, Gott freut sich auf dich!

Nimm Platz an Gottes Festtafel

„Gott verbietet uns doch immer alles, das ist doch langweilig! Wenn er tatsächlich existiert, dann will ich mit ihm nichts zu tun haben. Ich will Spaß haben und mein Leben genießen".

So oder so ähnlich denken viele. Deshalb schauen sie sich lieber erst gar nicht um, ob es Gott tatsächlich gibt. Und wenn er doch existieren sollte, dann tun wir mal so, als würde es ihn nicht geben. Er könnte ja mein Leben versauen.

Aber genau diese Menschen jammern am nächsten Morgen, wie böse doch die Welt ist. Pandemie, Wirtschaftskrise, Umwelt im Arsch und jeder ist irgendwo krank. Die Wartezimmer der Ärzte sind proppenvoll. Zwar verdienen inzwischen selbst die Ärzte nicht mehr viel, aber Patienten gibt es wie Sand am mehr. So ein ödes Leben! Mit dem langweiligen Gott will ich nichts zu tun haben.

Stattdessen zaubere ich selbst ein bisschen, veranstalte Tischrücken, pendle mir Entscheidungen aus, lass mir Karten legen oder laufe zur Hellseherin. Die sagt mir dann, was passieren wird.

Also, wenn du an so etwas glaubst, dann frage ich mich, warum du nicht lieber gleich zu Jesus gehst!? Es ist so wunderbar einfach. Es ist überhaupt nichts langweilig bei ihm. Er will nur das Beste für uns und trotzdem wenden sich Menschen von ihm ab und rennen Hals über Kopf immer weiter in ihr Unglück. Der Grund, warum unsere

Gesellschaft da ist, wo sie heute steht, ist unser eigenes Werk, das ist hausgemacht.

Aber dann, wenn die Kacke am Dampfen ist, dann schreien wir laut: „Warum lässt Gott das zu?"

Nein, Gott ruft uns, immer und immer wieder. Nur wir rennen stolz und blind an ihm vorbei.

„Hört mir zu und kommt her!", ruft Gott in der Bibel beim Propheten Jesaja.

Gedankenwechsel:

Wenn irgendjemand aus einem europäischen Königshaus heiratet, dann sind grundsätzlich tausende von Gästen eingeladen und die lassen sich das köstliche Festmahl auf der Zunge zergehen. Bei solchen Events wird sicherlich nur das Beste vom Besten serviert. Würdest du so einen kulinarischen Genuss ausschlagen? -

Aber genau das tun wir in unserem Leben! Wir rennen blind durch die Welt, der Karren fährt immer weiter in den Dreck hinein, dabei ruft Gott uns zu seinem Festmahl.

Jesaja 55, 1 – 2

Wohlan, ihr Durstigen alle, kommt her zum Wasser; und die ihr kein Geld habt, kommt her, kauft und esst! Kommt her und kauft ohne Geld und umsonst Wein und Milch! Warum wiegt ihr Geld ab für das, was kein Brot ist, und euren Arbeitslohn für das, was nicht sättigt? Hört doch auf mich, so sollt ihr Gutes essen, und eure Seele soll sich laben an fetter Speise!

Das ist Gott! Er will, dass es dir gut geht. Du kriegst alles in Hülle und Fülle und es kostet nicht einmal etwas. Gar nichts, du brauchst nur an seinem Tisch Platz zu nehmen. *„Warum wiegt ihr Geld ab für das, was kein Brot ist, und euren Arbeitslohn für das, was nicht sättigt?"*, sagt er.

Er spricht hier von unserer Gier nach mehr in jeder Form. Noch schneller, noch größer und noch mehr Kick. Das alte Level war nett, nun aber auf zum nächsten. Und du strebst und rennst ... Aber glücklich, wirklich glücklich wirst du dabei nicht! Im Gegenteil, es frustriert! Du konsumierst, kriegst ständig etwas Neues, bist super aktiv, aber satt an diesem Konsum wirst du nie.

Doch dann sagt Gott: *„Hört doch auf mich, so sollt ihr Gutes essen, und eure Seele soll sich laben an fetter Speise!"*

Wenn das kein Versprechen ist! Da brauchst du nicht noch mehr und noch mehr. Nein, dann bist du satt und zufrieden. Wer anständig gegessen hat, ist satt. Bei Gott bekommst du genug! Du musst dich nicht einschränken. Du bekommst so viel, dass du richtig satt wirst. Darüber hinaus ist es köstliche Speise, die du in vollen Zügen genießen kannst.

Wer sein Leben an Gott vorbeilebt, verpasst so viel! Er ist ständig auf der Jagd, um seinen Hunger zu stillen. Und dann hat er endlich die Tüte Chips gefunden, die ihm jetzt gerade perfekt in den Kram passt, lecker. Er isst und isst und je mehr er isst, desto mehr will er davon. Er kann nicht genug davon bekommen. Sein Lebenshunger wird nie gestillt.

Wenn wir uns bei Gott bergen, dann bekommen wir genug!
Wir dürfen köstliche Speise genießen und uns satt essen.
Satt und zufrieden. Jesus sagt:

Johannes 6, 35
Ich bin das Brot des Lebens. Wer zu mir kommt, den wird
nicht hungern, und wer an mich glaubt, den wird niemals
dürsten.

Jesus bezeichnet sich selbst als das Brot des Lebens. Was
stillt das Brot des Lebens? - Den Hunger nach Leben, den
Lebenshunger, der uns ständig rastlos vorantreibt.
„Wer zu mir kommt, den wird nicht hungern, und wer an
mich glaubt, den wird niemals dürsten.“, sagt Jesus.
Wenn du Jesus wirklich gefunden hast, dann wird dein
rastloser Hunger endlich gestillt sein! Wir können ihn
nicht selbst stillen, es sei denn, wir haben Jesus. Nur *er*
kann ihn stillen, und zwar ein für alle Mal.
„Da renne ich lieber rastlos herum, als so ein langweiliger
Christ zu werden“, magst du jetzt einwenden.
Also, wenn du selbst ein Langweiler bist, dann bist du
einer, ob du Christ bist, oder nicht. Aber was du mit Gott
manchmal erleben kannst, das ist garantiert alles andere
als langweilig, da geht oftmals die Post ab. Und ... er will
nur das Beste für dich: kein Mittelmaß, nein, das Beste.
Bleiben wir bei dem Beispiel Hunger stillen. Stelle dir vor,
du hast ein Kind und mit dem läufst du durch die
Innenstadt, in Geschäfte, auf Spielplätze. Ihr bummelt
gemütlich und macht euch einen schönen Tag. Es ist
wunderschönes Sommerwetter, alles ist gut.

Am Ausgang des Kaufhauses steht der Eisverkäufer mit seinem Softeis. Drei Zapfhähne: Vanille, Schokolade und Waldmeister. Gekonnt füllt er die Waffeln, denn es stehen viele Papas und Mamas mit ihren Kindern an. Das kleine Mädchen dort drüben hat gerade ein Eis bekommen und zufrieden wie ein Honigkuchenpferd trottet es neben ihren Eltern dahin.

Jetzt kommt dein Kind: „Ich will ein Eis!".

Es liebt Erdbeereis heiß und innig. Das ist hier im Automaten zwar nicht drin, aber das ist ihm im Augenblick völlig wurst: „Ein Eiiiis!"

Du: „Hey, du kriegst nachher dein Eis. Ein ganz leckeres Erdbeereis, ok?"

Dein Kind: „Nein, jetzt ein Eis!".

Mit aller Gewalt versucht es dich zu dem Eisverkäufer hinzuziehen. Du bewegst dich keinen Millimeter, hältst das Kind fest an der Hand, lächelst auch noch und meinst: „Gleich kriegst du dein Eis. Draußen!"

„Nein, jetzt!", brüllt der Kleine und Tränen der Verzweiflung kullern über seine Wangen.

Mit ihm vernünftig zu reden ist jetzt unmöglich geworden. Also packst du ihn, hebst ihn auf deinen Arm und trägst den kleinen Schreihals aus dem Kaufhaus hinaus. Eine Welt bricht zusammen für den Kleinen. Die anderen Kinder haben ein Eis bekommen, er nicht.

Mit dem schreienden Bündel auf dem Arm gehst du die nächste Straße rein und dann gleich links. Giovanni sieht euch schon kommen. Ihm gehört die Eisdiele dort und bei ihm kriegst du das beste Erdbeereis der ganzen Stadt. Sofort füllt er eine Waffel damit, steckt noch einen

Lutscher oben hinein und während dein Kleiner das Eis bekommt, setzt Giovanni ihn auf das Schaukelpferd vor seinem Laden.

So ein zufriedenes Kind hast du selten gesehen. Das Schreien hat sich in ein fröhliches Glucksen verwandelt und sein Lachen reicht von einem Ohr bis zum anderen.

Genauso ist unser Vater Gott mit uns. Er weiß, was wir brauchen, was wir wollen, was das Beste für uns ist. Wenn wir irgendetwas nicht kriegen, wenn wir die Welt um uns herum nicht mehr verstehen, „Warum, warum, warum?", dann wartet wahrscheinlich schon etwas viel Besseres auf uns, mit dem wir zufrieden gesättigt werden.

Ich habe viel erlebt, was ich im Augenblick absolut nicht verstehen konnte, verzweifelt geschrien habe, „Warum?", und schließlich Gott dafür verantwortlich machte. Einmal habe ich die geöffnete Bibel mit voller Wucht an die Wand geschmettert und drei Wochen lang so liegen lassen, wie sie zu Boden gefallen war. In diesen drei Wochen habe ich keinerlei Blick in irgendeine Bibel geworfen. Danach kam ich reumütig zurück: „Herr, ohne dich geht es halt doch nicht!"

Im Nachhinein, oft viele Jahre später, sieht die Sache ganz anders aus und ich war zum Teil äußerst froh, dass es genauso gekommen war, wie es jetzt ist. Im Nachhinein hat sich vieles davon als das Beste erwiesen, was mir hat passieren können.

Zumindest hat Gott, der mich vorher scheinbar nicht hören wollte, auch aus miesen Situationen etwas Gutes herausgeholt. *Er* weiß, was das Beste ist. *Ich* sehe nur die augenblickliche Situation. Darum sagt Gott:

Jesaja 55, 8 - 9

Denn meine Gedanken sind nicht eure Gedanken, und meine Wege sind nicht eure Wege, spricht der Herr; sondern so hoch der Himmel über der Erde ist, so viel höher sind meine Wege als eure Wege und meine Gedanken als eure Gedanken.

Ich sehe alles nur aus meiner Sicht, ich sehe nur das *Jetzt*. Er sieht Zusammenhänge und Entwicklungen, auch in die Zukunft hinein. Deshalb kann er aus einer ganz anderen Perspektive wirken und handeln.

Wie in unserem vorigen Beispiel das Kind nur das Softeis *jetzt* sah. Du, als Elternteil aber wusstest, dass das Lieblingseis des Kindes von Giovannis Eisdiele gleich um die Ecke ist. Deine Gedanken waren anders als die des Kindes. Deine Wege waren für das Kind die besseren, doch das Kind konnte es in diesem Moment nicht begreifen. Du hast trotzdem das Beste für dein Kind gewählt und das Kind war hinterher überglücklich darüber. Das sollten wir bedenken, wenn wir das nächste Mal versucht sind, Gott anzuklagen.

Gott weiß, wo es lang geht, auch da wo wir den Überblick schon lange verloren haben. Wenn wir meinen, wir müssen uns den Weg selbst suchen, dann landen wir dabei unweigerlich im Irrgarten. Wenn wir uns allerdings an Gott halten, dann zeigt *er* uns den Weg. Der tut sich vielleicht da auf, wo wir noch nicht einmal den geringsten Pfad entdeckt haben, aber der uns letztendlich schneller ans Ziel führt als jede Autobahn. Gottes Wege sind nicht unbedingt unsere Wege, aber es sind immer die besseren. Immer!

Jesaja 55, 3
Neigt eure Ohren und kommt her zu mir; hört, so wird eure Seele Leben!

Er will nicht der große Macker sein, der dir vorschreibt, was du tun sollst. Er weiß einfach, was das Beste für dich ist, das ist alles.

Verse 6 und 7
Sucht den Herrn, solange er zu finden ist; ruft ihn an, während er nahe ist! Der Gottlose verlasse seinen Weg und der Übeltäter seine Gedanken; und er kehre um zu dem Herrn, so wird er sich über ihn erbarmen und zu unserem Gott, denn bei ihm ist viel Vergebung.

Geh zu Gott! Das hört sich einfach an, aber wo finden wir ihn denn? Woher weiß ich, was er von mir will? Dazu schauen wir in das Johannesevangelium, ganz an den Anfang.

Johannes 1, 1
Im Anfang war das Wort, und das Wort war bei Gott, und das Wort war Gott.

Demnach sind Gott und sein Wort ein und dasselbe. Er identifiziert sich voll und ganz mit seinem Wort. Suche in der Bibel und du findest ihn höchstpersönlich.

Wenn du seinem Wort folgst – und nur dann – kann er dir das Beste zukommen lassen, das es für dich gibt. Das ist nicht immer sofort ersichtlich und du erkennst es oft erst viel später. Trotzdem ist es das Beste für dich.

Und jetzt „Attention please!": *Wie* wirkt Gottes Wort für dich? Die folgende Stelle ist ein wunderschöner Vergleich!

Jesaja 55, 10 - 11

Denn gleichwie der Regen und der Schnee vom Himmel fällt und nicht wieder dahin zurückkehrt, bis er die Erde getränkt und befruchtet und zum Grünen gebracht hat und dem Sämann Samen gegeben hat und Brot dem, der isst – genauso soll auch mein Wort sein, das aus meinem Mund hervorgeht: Es wird nicht leer zu mir zurückkehren, sondern es wird ausrichten, was mir gefällt, und durchführen, wozu ich es gesandt habe!

Gottes Wort ist also alles andere als Schall und Rauch. Es wird *immer* eine Wirkung nach sich ziehen, es wird genau das bewirken, wozu Gott es gesandt hat.

Er bringt hier einen wunderschönen Vergleich: Der Regen fällt und macht die Erde nass. Das bleibt nicht ohne Wirkung. Dadurch wird die Erde fruchtbar und alles sprießt und wächst. So wird Gottes Wort immer Früchte tragen, und zwar genau die, die Gott bezweckt. Und da Gott für dich immer nur das Beste will ....

Ich glaube, ich brauche nicht weiter zu argumentieren. Gehe zu Gott und du wirst Wunder erleben, und zwar in einer Weise, wie du sie bis jetzt vielleicht noch nie erleben konntest. Vertraue auf ihn und dein Frust und deine

Rastlosigkeit werden sich in Frieden und Ruhe verwandeln. Setze dich an seinen Tisch und genieße was er für dich vorbereitet hat. Dann wird dein Lebenshunger für immer gesättigt sein!

Im Schatten der Flügel Gottes

Wie empfindest du den Sommer? Wir kennen ihn, die Meisten lieben ihn, aber er ist zeitweise recht schweißtreibend. Egal wie der Sommer ausfällt, heiße Sommertage bringt er jedes Jahr mit, mal mehr, mal weniger. Die Grills werden angeschmissen und Schwimmbäder, Strände und Seen haben regen Zulauf. Balkone und Terrassen werden intensiv genutzt und die Sonne, beziehungsweise der Schatten des Sonnenschirms genossen.

Das ist alles wunderbar, aber den Schweiß treibt es uns trotzdem aus den Poren. Bei solchem Wetter empfindest du es auch unter dem Sonnenschirm als brütend heiß.

Andere Leute, die in ihrem Garten grillen, spannen sich einen Pavillon oder ein Sonnensegel auf. Tatsache ist, wer hitzeempfindlich ist und sich im Freien aufhält, der kommt trotz Sonnenschirm oder Pavillon ganz schön ins Schwitzen. Das ist einfach so wenn die Sonne richtig knallt, damit müssen wir leben!

Ich persönlich habe die Sonne schon immer genossen, auch als Kind und Jugendlicher. Wann immer ich konnte, stürmte ich raus ins Freie. Im Garten meiner Eltern war es sehr angenehm, wenn wir uns dort im Schatten bewegten. Dort standen drei mächtige Bäume mit dichtem, hohem Blätterwerk. Die Bäume standen so dicht beieinander, dass die Zweige sich berührten. Wir hatten also durchgehenden Schatten unterhalb dieser drei Bäume.

Das Laub atmete, die Bäume standen in vollem Saft. In ihrem Schatten fanden wir immer ein wohliges Klima, egal wie hoch oder tief uns die Außentemperaturen quälen wollten.

Auch im Winter schützten uns die Bäume vor krassem Wetter. Da mäßigte sich die Eiseskälte unter den Bäumen und Regen hatte unter dem Blätterdach erst sehr spät seine Chance. Es musste schon aus allen Eimern gießen, bis wir hier richtig nass wurden. Diese Bäume boten uns quasi eine eigene Klimazone, die wir besonders im Sommer genießen konnten. Ihre wohltuende Kühle breitete sich auch bei Temperaturen weit jenseits der 30 Gradmarke aus.

Im Schatten des Sonnenschirms auf unserem Balkon konnten wir von diesem Zustand nur träumen. Welch ein Unterschied zwischen dem Schatten unter dem Schirm und dem unter den Bäumen.

Einen ähnlich krassen Unterschied finden wir auch bei den Menschen, und zwar denjenigen, die Gott nicht kennen und denen, die sich unter Gottes Schutz bergen. David schreibt:

Psalm 63, 2:
O Gott, du bist mein Gott; früh suche ich dich! Meine Seele dürstet nach dir; mein Fleisch schmachtet nach dir in einem dürren, lechzenden Land ohne Wasser.

Bezeichnend ist, dass David diesen Psalm schrieb, als er sich in der Wüste Juda aufhielt. Er fand dort tatsächlich Hitze und ein dürres Land ohne Wasser. Aber ich denke, wir dürfen das genauso gut sinnbildlich sehen, denn David stand zu diesem Zeitpunkt unter großem Druck. König Saul verfolgte ihn und wollte ihn töten.

Wir stehen heute ebenfalls unter enormem Druck, unter dem Druck unserer Umwelt. Die wenigsten von uns müssen flüchten, weil ihnen jemand ans Leben will, aber wir stehen unter dem Druck dieser Welt, dieses Systems, in dem wir leben. Kein Wunder, dass die Couchen der Psychiater voll sind.

Es gibt für uns im Grunde nur eine Möglichkeit, diesem Druck tatsächlich standhalten zu können: Wir müssen Unterschlupf bei Gott suchen, so wie es David getan hat. Wer seine Kraft bei ihm holen kann, weil er an die Erlösung Jesu glaubt, steht äußerlich unter genau demselben Druck, wie jeder andere auch, aber er kann ihn wesentlich besser verkraften.

Weiter unten in dem Palm ergänzt David:

Vers 8
Denn du bist meine Hilfe geworden, und ich juble unter dem Schatten deiner Flügel.

Im Schutze Gottes herrscht einfach ein anderes Klima als in der Welt. Die Sonne kann genauso brennen, die Sorgen genau dieselben sein, wie bei anderen – Nichtgläubigen –, trotzdem ist da ein Riesenunterschied. Im Schutze Gottes ist es wesentlich angenehmer! Da ist diese drückende Hitzeperiode, diese schwere Last, unter der wir alle stehen wesentlich angenehmer zu ertragen.

Es ist dieselbe Sonne, ob wir unter einem Sonnenschirm sitzen oder unter dem massiven Blätterdach großer Bäume. Aber unter den Bäumen fühlen wir uns bedeutend wohler. Unter dem Sonnenschirm brennt uns zwar die Sonne nicht direkt auf den Kopf, aber es ist dort trotzdem schweißtreibend heiß.

Psalm 91, 1 – 7
Wer unter dem Schirm des Höchsten sitzt, der bleibt unter dem Schatten des Allmächtigen. Ich sage zu dem Herrn: Meine Zuflucht und meine Burg, mein Gott, auf den ich traue! Ja, er wird dich retten vor der Schlinge des Vogelstellers und vor der verderblichen Pest; er wird dich mit seinen Fittichen decken und unter seinen Flügeln wirst du dich bergen; du brauchst dich nicht zu fürchten vor dem Schrecken der Nacht, vor dem Pfeil, der bei Tag fliegt, vor der Pest, die im Finstern schleicht, vor der Seuche, die am Mittag verderbt. Ob tausend fallen zu deiner Seite und zehntausend an deiner Rechten, so wird es doch dich nicht treffen.

Sie sind so schön, diese Verse!? Da müssen wir tiefer eintauchen!

Vers 1
Wer unter dem Schirm des Höchsten sitzt, der bleibt unter dem Schatten des Allmächtigen.

Ich komme immer wieder auf dieses Bild der drei Bäume mit dem dichten Laubwerk zurück. Wenn wir uns zu Gott flüchten, dann haben wir in dieser Welt ein anderes Klima, es ist einfach angenehmer. Gott bietet jedem von uns sein Laubdach an.

Solange wir uns darunter flüchten, sind wir vor der sengenden Sonne, vor dem Druck dieser Welt, ganz anders geschützt. Unser Leben wird wesentlich angenehmer sein. Wir brauchen nicht diesen künstlich gebauten Sonnenschirm – das Werk von Menschenhänden - wir haben Gott! Solange wir im Schutz des Allmächtigen wohnen, bleiben wir in seinem Schatten. Den Satz kannst du natürlich auch umdrehen: Solange wir uns innerhalb seines angenehmen Schattens bewegen, bleiben wir unter Gottes mächtigem Schutz.

Aber in dem Moment, da wir aus seinem Schatten heraustreten, brennt die Sonne wieder in ihrer sengenden Glut auf uns herab. Dann sind wir wieder dem unbarmherzigen Druck dieser Welt ausgesetzt.

Was ist die Folge? Erst einmal nichts! Die Sonne blendet uns. Das ist nicht weiter schlimm – zunächst nicht. Es dauert nicht lange, dann fangen wir wieder an, mordsmäßig zu schwitzen. Das ist auch noch harmlos. Doch dann zeigen sich erste Rötungen der Haut, der Sonnenbrand beginnt und irgendwann bekommen wir einen Sonnenstich. Die Welt wirkt wieder unbarmherzig auf uns ein.

Wir haben von Gott den freien Willen bekommen. Den dürfen wir einsetzen, ganz wie uns beliebt. Gott packt uns nicht am Kragen und zieht uns wieder zurück. Nein, er lässt uns tun, was immer wir wollen. Wir müssen halt mit den Konsequenzen leben. Er liebt uns trotzdem. Gott liebt uns – trotz uns! Wir können machen, was wir wollen, Gott liebt uns. Er liebt bei weitem nicht immer das, was wir tun, aber er liebt uns, dich, mich, jeden.

Er ruft uns immer wieder zurück: „Komm zu mir. Ich biete dir meinen Schatten. Da ist es angenehm. Da bist du geschützt!"

Er möchte, dass es uns gut geht, aber er zwingt uns nicht dazu. Er zwingt niemanden.

Vers 2 und 3. Wir sind immer noch beim Psalm 91.

Ich sage zu dem Herrn: Meine Zuflucht und meine Burg, mein Gott, auf den ich traue! Ja, er wird dich retten vor der Schlinge des Vogelstellers und vor der verderblichen Pest;

Wenn wir bei ihm Zuflucht suchen, dann sind wir sicher. Einen Vogelsteller, wie David ihn beschreibt, gibt es bei uns nicht mehr, aber wie oft werden uns Schlingen gestellt von dieser Welt? Wenn wir da hineintappen, dann ziehen sie sich zu und wir baumeln in der Kralle der Geschäftemacher, der Regierung, vielleicht unserer Nachbarn, von wem auch immer. -

Die Pest, zu Zeiten Davids eine gigantische Bedrohung. Sie hat Tausende einfach so dahingerafft. Sie ist heutzutage keine Bedrohung mehr, Gott sei Dank, aber haben wir nicht andere Epidemien? Aids, BSE, die Vogelgrippe, Coronavirus. Im Sommer verbreitet sich jeweils eine Mordspanik vor Zecken! Die Pest heißt heutzutage einfach nur anders.

Aber der HERR rettet uns vor diesen furchteinflößenden Dingen. Er hat es uns zugesagt. Das haben wir gerade gelesen. Er rettet uns, wenn wir bei ihm Schutz suchen.

Römer 8, 15

Denn ihr habt nicht einen Geist der Knechtschaft empfangen, dass ihr euch wiederum fürchten müsstet, sondern ihr habt den Geist der Sohnschaft empfangen, in dem wir rufen: Abba, Vater!

Wir brauchen keine Furcht zu haben, wir haben Gott!

Lukas 10, 19b

… und nichts wird euch ihn irgendeiner Weise schaden.

Selbst wenn wir sterben: Es kommt nur Besseres nach! Darüber sollten wir uns Gedanken machen. Wohl dem, der sich bei Gott birgt. Mir wird nach meinem heutigen Kenntnisstand angst und bange, wenn ich mir vorstelle, ich hätte *nicht* zu Gott gefunden. Bei diesem Gedanken läuft mir echter Schauer über den Rücken. Und doch gibt es so viele Menschen, die wissen das alles noch nicht! Sie wollen es gar nicht wissen, machen sich vielleicht sogar lustig darüber.

Wie gesagt, ich bin froh, dass ich heute weiß, wo ich mich bergen kann. David drückt das wunderbar bildhaft aus: „Unter seinen Flügeln bin ich geborgen", „er ist mein Zufluchtsort, meine Burg", also wirklich schwer einnehmbar vom Feind. Der allerdings versucht es immer und immer wieder!

Weiter ab Vers 4

Er wird dich mit seinen Fittichen decken und unter seinen Flügeln wirst du dich bergen.

Hast du schon einmal Küken beobachtet, wie sie vorwitzig ihre Welt erobern? Frei und arglos huschen sie in Mutters Nähe umher, aber sobald ihnen etwas ungeheuer vorkommt oder Angst einjagt, schwupps, verschwinden sie unter deren Gefieder. Genauso sollen wir uns bei Gott bergen.

Verse 5 und 6
Du brauchst dich nicht zu fürchten vor dem Schrecken der Nacht, vor dem Pfeil, der bei Tag fliegt, vor der Pest, die im Finstern schleicht, vor der Seuche, die am Mittag verderbt.

Das haben wir alles schon angesprochen. Gott ist das dichte Laub, das uns vor der gleißenden Sonne dieser Welt schützt.

Schließlich noch Vers 7
Ob tausend fallen zu deiner Seite und zehntausend an deiner Rechten, so wird es doch dich nicht treffen.

Wenn wir in die Welt hineinschauen, dann sehen wir Krieg und Terror. Die haben inzwischen auch uns erreicht. Wohin du schaust: Morden, Vergeltung, Anschläge. Dabei geschieht es oft, dass diejenigen, die diese Kriege anzetteln und führen, irgendwann Opfer ihrer eigenen Kriege werden. Muslimische Terroristen sterben selbst, in der irrigen Einbildung, danach bei Allah zu landen. Oder man hört, dass einer der führenden Mafia-Bosse tot aufgefunden wurde.

Dabei geht es nicht nur um die „großen" Kriege. Das können die Bandenkriege in den Städten sein, das können Psychokriege in einer Firma sein, vom Chef oder mobbenden Kollegen begonnen.

Mehrere Kandidaten buhlen um einen höheren Posten. Da wird richtig Schlamm aufgewühlt, Leute denunziert, falsche Gerüchte verbreitet, nur um den Mitbewerber auszuschalten. Dann kriegt einer den Posten. Vielleicht schafft er es tatsächlich, den eine Zeit lang zu halten. - Doch dann kommt einer, der besser intrigiert als er, und weg ist er. Der andere hat sich seinen Posten geangelt. Der ursprüngliche Posteninhaber ist seinem eigenen Krieg zum Opfer gefallen.

Statistische Untersuchungen vor Jahren ergaben, dass Menschen in Spitzenpositionen 80 % ihrer Arbeitszeit direkt oder indirekt damit verbringen, ihren Posten zu verteidigen.

Ob tausend fallen zu deiner Seite und zehntausend an deiner Rechten, so wird es doch dich nicht treffen - wenn du dich bei Gott birgst!

Wir können zusehen, wie sie um uns herum reihenweise fallen. Wenn wir auf Gott hören, dann werden wir solche bösartigen Spielchen erst gar nicht mitmachen, denn Gott bewegt die Dinge für uns. Wer sollte stürzen, was Gott aufgebaut hat?

Jesaja 57, 20-21

Aber die Gottlosen sind wie das aufgewühlte Meer, das nicht ruhig sein kann, dessen Wasser Schlamm und Kot aufwühlen. Keinen Frieden, spricht mein Gott, gibt es für die Gottlosen!

Manche interpretieren diese Stelle so, dass Gott diese Menschen bestraft. Spricht Gott hier tatsächlich Unfriede über die Gottlosen aus? Verflucht er sie? - Nein! Er möchte hier nicht Unfrieden aus Rache bringen, sondern er zeigt lediglich die Konsequenzen auf, die gottloses Handeln nach sich zieht.

Wenn ich sage – ich drücke das jetzt absichtlich recht geschwollen aus: „Verbrühte Hände werden die haben, die ins kochende Wasser greifen", dann ist das kein Fluch, den ich über jemanden ausspreche, auch kein böser Wunsch, sondern lediglich die logische Folge, die daraus entstehen wird, in diesem Fall eine physikalische Folge, nämlich Verbrühungen.

Die Jesajastelle erklärt uns lediglich die Konsequenz dafür, wenn jemand seinen Schutz nicht bei Gott sucht! Mehr ist es nicht. Gott hätte es garantiert lieber, wenn es anders wäre und der Gottlose nicht gottlos. *„Aber die Gottlosen sind wie das aufgewühlte Meer".* Das ist ein Gleichnis. Gott präzisiert es noch: *„... das nicht ruhig sein kann, dessen Wasser Schlamm und Kot aufwühlen."*

Wenn Menschen sich unfair bekriegen, dann sprechen wir üblicherweise von „Schlammschlachten". Dieses Bild hier bei Jesaja ist also wunderbar treffend. Aber wie auch immer es um uns herum tobt, wenn wir bei Gott unseren

Schutz suchen, dann erreicht es uns nicht. Das sagt uns Psalm 91.

Es gibt ein Lobpreislied, das sich auf den Text eines Psalms stützt. „Unter dem Schatten deiner Flügel, find ich Ruhe allezeit, unter dem Schatten deiner Flügel, da ist Friede und Geborgenheit".

Gott ist derjenige, bei dem wir diese Ruhe finden!

Wie aber können wir uns bei Gott bergen, wie geht das? – Indem wir auf Jesus schauen, auf den Gekreuzigten. *Er* hat uns herausgeholt aus der Trennung von Gott, er hat uns den Weg zu Gott neu gepflastert! Jesus selbst sagt:

Matthäus 11, 27

Alles ist mir von meinem Vater übergeben worden, und niemand erkennt den Sohn als nur der Vater; und niemand erkennt den Vater als nur der Sohn und der, welchem der Sohn es offenbaren will.

Wir können den Zugang zu Gott nur über Jesus finden. Wir haben keinen anderen Zugang zum Vater als nur und ausschließlich durch ihn. „*Alles* ist mir übergeben", sagt er. Also können wir uns nur bei Gott bergen, indem wir unsere Zuflucht bei *Jesus* suchen.

Vers 28

Kommt her zu mir alle, die ihr mühselig und beladen seid, so will ich euch erquicken!

Erquicken bedeutet: zur Ruhe bringen. Das sagt Jesus und das ist genau die Ruhe, die Gott bereits in den Psalmen Jahrhunderte vorher zugesagt hat. Jesus hat auch gesagt:

Matthäus 11, 29 - 30
Nehmt auf euch mein Joch und lernt von mir, denn ich bin sanftmütig und von Herzen demütig; so werdet ihr Ruhe finden für eure Seelen! Denn mein Joch ist sanft und meine Last ist leicht.

Jesus möchte, dass wir von ihm lernen. Er ist unser Vorbild. Welche Eigenschaften hat unser Vorbild, dem wir nacheifern sollen? – „Ich bin sanftmütig und von Herzen demütig", sagt er. Also sollen auch wir sanftmütig und von Herzen demütig sein. Was ist die Folge daraus? – Ruhe für unsere Seelen! Warum?
Jesus begründet: „Denn mein Joch ist sanft und meine Last ist leicht."
Er sagt einerseits, wir werden Ruhe finden, andererseits aber auch, dass trotzdem Druck und Last uns drücken werden, nur diese Last ist leicht.
Unser Druck ist wesentlich leichter *mit* Jesus als *ohne* ihn. Wir schauen auf das Kreuz, wir nehmen die Erlösung an, die wir durch Jesus haben. Als Folge haben wir ein Leben, das sich völlig von dem Nichtgläubiger unterscheidet, trotz derselben Umstände, in denen wir leben. Wir sind geborgen im Schutze des Allerhöchsten, im Schatten seiner Flügel. Er ist unser Zufluchtsort!

Weiteres Buch von Roland Greger: *Weiß wie Blut.*

Was glauben Christen eigentlich? Eine oft stark kontrovers diskutierte Frage. Und doch ist die Antwort sehr einfach. Christ kommt von Christus, also Jesus. Alles, was wir über ihn wissen müssen, finden wir in der Bibel. Viele werfen der Bibel Widersprüche vor, die bei genauem Hinsehen überhaupt nicht existieren. Im Gegenteil, die Bibel erklärt sich im Grunde selbst. In diesem Buch tauchen wir in Gottes Wort ein, ein lockerer, humorvoller Spaziergang durch die wesentlichen Bücher der Bibel. Bibelverständnis leicht gemacht, auch für Zweifler, Skeptiker und Logiker. Du glaubst nicht an Gott, hast dich aber schon immer gefragt, welche Rolle Jesus spielt, dann bist du hier richtig. Du bist gläubiger Christ, aber irgendwie kann du deinen eigenen Glauben dennoch nicht richtig greifen, dann bist du hier ebenfalls richtig. Du bist ein gestandener Christ und kennst dich in der Bibel aus? Vielleicht gibt es auch für dich noch etwas, das du aus dieser Perspektive noch nicht betrachtet hast. Ein Buch zum Selberlesen und Weitergeben.

2. Überarbeitete Auflage
2019, BoD Norderstedt - 164 Seiten
ISBN: 9783839161340 - 9,99 Euro

Auch als E-Book erhältlich:
ISBN: 9783848280575 - 6,99 Euro